日本の反戦非戦の系譜

アジア・ビジョンをどう描くか

石原享一

Ishihara Kyoichi

白水社

日本の反戦非戦の系譜――アジア・ビジョンをどう描くか

装幀＝藤井紗和
組版＝鈴木さゆみ

日本の反戦非戦の系譜＊目次

はじめに

二〇一九年末からの新型コロナのパンデミックにより、ビジネス、留学、観光などの経済や文化の交流は停滞しました。また、各国の指導者がじかに対話する機会も減ってきました。人々のあいだの意思疎通を欠くなかで、世界では排外的なナショナリズムがつよまっていま す。

台頭する中国を牽制するために、アメリカを中心にQUAD（クアッド、米・日・豪・印）やAUKUS（オーカス、豪・英・米）のわく組みもつくられました。

二〇二一年一〇月には日本、アメリカ、イギリス、オランダ、カナダ、ニュージーランドの六ヵ国が沖縄南西の海域で合同の軍事訓練をおこないました。

それに対抗して、中国もロシアとの軍事的な連携をすすめ、中ロの艦隊がつらなって津軽海峡や大隅海峡を通過するという事態もおきています。

南シナ海においても、二〇二四年六月にアメリカ、フィリピン、カナダの海軍と日本の海上自衛隊が共同訓練をおこないました。

また、ロシアと北朝鮮の新たな軍事協定の締結や、上海協力機構における中国とロシアの協調など、分断と敵対の傾向はつづいています。

世界の分断化がすすむなか、二〇二二年二月からロシアがウクライナへの侵攻をはじめました。強大な軍事力をもつロシアにたいし、ウクライナは西側諸国から武器の支援を得て戦うという構図です。

さらに、二〇二三年一〇月には、パレスチナのガザ地区を支配するイスラム組織ハマスがイスラエルに越境攻撃をしかけ、多くの人々を殺害し、人質を連れ去りました。これにたいして、イスラエルは報復と人質解放という名目で、ガザ地区を徹底的に破壊する暴挙にでます。

緊迫した世界情勢のもとで、東アジアでは武力衝突の発生する可能性がたかまっています。香港では中国政府の統制がつよまり、民主派が徹底的に排除されました。自由をもとめて香港から多くの人材が流出し、かえって香港の経済と社会の不安定さを増しています。

また、台湾では独立志向をもつ民進党の総統が二代つづくことになりました。中国からの干渉や威嚇《いかく》がつよまるのではないかと懸念されます。

このような東アジアのきなくさい情況のなかで、いかに武力衝突や戦争を回避するかについてかんがえ、その思考の論理をしめすのが本書の目的です。

本書は以下の六つの章からなります。

第Ⅰ章では、反戦非戦の理念の根拠をさぐり、戦争を回避するためになされた歴史上の実践をあとづけます。これは多くの犠牲と苦難をともなった抵抗運動です。武力には武力で対抗し、暴力には暴力でむくいるほうが明快で、簡単な方法かもしれません。しかし、いったん戦争がおこれば正義も法秩序もなくなるというのが戦争の現場の実態です。戦争をしない、させないという覚悟でもって相手と交渉し、反戦非戦の道をつらぬく。それこそが「真の現実主義」ではないでしょうか。

第Ⅱ章では、日本の戦争に反対し、他国の戦争にも反対した先人たちの志と足跡をたどります。戦前から戦後につらなる反戦非戦の系譜として、勝海舟、田中正造、幸徳秋水、内村鑑三、石橋湛山、べ平連、中村哲たちをとりあげました。

この系譜をつらぬくものは反戦非戦の覚悟と義侠心です。自国の正義ばかりいいつのるのではなく、相手国の事情や歴史もよく理解しようという知の営《いとな》みによって裏うちされたものでなければなりません。

第Ⅲ～Ⅴ章では、東アジアの緊張を解きほぐすために、台湾と香港と中国のそれぞれの事情と相互関係を歴史的に、かつ具体的にたどっていきます。

まず第Ⅲ章では、台湾海峡危機についてかんがえます。中台関係の歴史的経緯をたどり、具体的な事実にそくして、対立や紛争のタネとなるもつれを解きほぐしていきます。台湾の識者も民衆も台湾が焦土と化すような武力衝突も戦争も望んではいません。

中台のあいだには歴史的なしがらみや、経済や文化の交流があります。互いに共通する文化の土壌をはぐくんでいけば、おのずと中台和解の道筋はみえてきます。

第Ⅳ章では、香港の民主化運動をひきいたそれぞれのリーダーの思想をたどり、そのめざすところを検討します。香港には植民地としての歴史があり、宗主国イギリスへのあこがれと中国本土への優越感という屈折した植民地気質が形成されていました。

中国の経済力が上昇するにともなって、香港と隣接する深圳や広東省との力関係が逆転しつつあります。香港がなにをめざし、いかにして中国を変えていくのか、民主派のはたす役割は小さくありません。

第Ⅴ章では、膨張する経済力と軍事力を背景に強権的な姿勢をつよめる中国といかに向きあうかについてかんがえます。民主主義サミットをめぐる中国とアメリカの応酬をみればわかるように、中国は毛沢東時代のように国際社会とまったく異なる世界観を主張しているわけではありません。

中国社会にも西側の市場経済国と同じ価値観で生きている人たちが日々を暮らしているのです。みずからの国や地域の立場ばかりをいいつのるのではなく、相手国や周辺地域の事情もよく知っておかなければなりません。

最後の第Ⅵ章では、今後の日本がめざすべきアジア・ビジョンについてかんがえます。

フクシマ原発事故をおこした日本は世界の環境を放射能で汚染した責任があります。日本人がいくらかでも義侠心をいだき、アジアや世界の将来についての見識をもっているならば、脱原発・脱炭素と反戦非戦でアジアの人たちと連帯する道をさぐるべきです。
ふたたび戦争への轍《てつ》をふまないようにするにはどうしたらよいか。戦争ではなにも解決しないという歴史の現実をしかとみすえ、反戦非戦の志を先人たちにまなび、なやみ、かんがえつづけようではありませんか。

なお、本文における人物の名は敬称を省略しました。

第Ⅰ章　真の現実主義とは

ビロード革命下のレトナ広場（著者撮影）

戦争に正義はあるか。戦争では敵対する双方が正義はみずからにあると主張します。しかし、いったん戦争がはじまると正義も法秩序もなくなるというのが、戦争の現場の実態です。戦争ではなにも解決しません。双方に憎しみの連鎖をもたらすだけです。戦争のぼっ発を防ぐには、戦争をしない、させないという覚悟でもって非暴力の抵抗をつづけていくしかありません。それが反戦非戦の立場です。

本章では、反戦非戦の理念の根拠をさぐり、非暴力と抵抗をつらぬいた先人たちの実践と経験をたどってみます。

1　戦争と軍隊の理不尽

まかりとおる武力中心主義

近年の国際政治の舞台では、軍事力によって各国の力関係が決まるというパワー・ポリティクスの論理がまかりとおっています。国際関係論の世界では、これが「現実主義」の思考方法なのです。

簡単にいえば、「勝てば官軍、負ければ賊軍」の考えかたです。英語の“Might is right”（力は正義なり）、中国語の「成王敗寇」（勝てば王となり、負ければ賊となる）も同じような意味です。

武力中心主義の最たるものが「核抑止論」です。

核兵器を保有していれば、敵国から攻撃されないですむ、あるいは他の国も核兵器をもっているからという理屈のもとに、核保有国は核兵器を保持しつづけています。

北朝鮮のように、国威を発揚し、周囲の国を威かくするための手段として核開発にやっきになっている国もあります。その裏では、自分たちの体制が脆弱《ぜいじゃく》なものであることをよく自覚しており、いつか自分たちの独裁政権が覆《くつがえ》されるのではないかと恐れ、おののいているのです。また、日本はアメリカの核の傘で守られているからという理由で、国連の核兵器禁止条約に加盟しようともしません。

すでにこの条約の署名国は九三ヵ国、そのうち批准国は六九ヵ国に達しています（二〇二三年九月）。アメリカに遠慮してものの言えない日本の姿勢は、これらの国々を失望させています。

本来なら、唯一の被爆国である日本こそが核兵器廃絶運動の先頭に立つべきなのですが。

このような武力中心主義の発想はほんとうの意味で、「現実主義」といえるのでしょうか。戦争の悲劇をくり返してきた歴史の現実をふまえたものとなっているのでしょうか。

ベトナム戦争のあやまちをくり返すアメリカ

二〇〇一年九月一一日の同時多発テロのあと、アメリカが旗ふりをして多国籍軍がアフガニスタンへの攻撃をはじめました。さらに二〇〇三年には、米英を中心に「イラクが大量破壊兵器を持っている」という偽りの大義をねつ造し、イラク戦争にも突入しました。

それらの戦争の結果はどうなったのでしょうか。

二〇一一年にアメリカ軍はイラクから引きあげました。その後も、イラクは政情不安がつづき、となりのシリアの内戦やテロのぼっ発にも影響をおよぼしています。

シリアからは六六〇万人もの難民が故国を追われました。命がけでヨーロッパに向かった家族もあり、ボートが転覆しておぼれ死んだ子どももいました。

アメリカ軍は遠隔操作の無人機で攻撃するものだから、「誤爆」も多い。病院や学校を爆撃し、結婚式の隊列にロケット弾をうちこんだこともあります。

アフガン紛争は二十年にもなる長い戦乱を経て、アメリカ軍はようやく二〇二一年に撤退しました。ベトナム戦争の十五年より長い。

タリバンが首都カーブルを制圧したのは、一九九六年に次いで二度めになります。

結局、アフガニスタンは元のタリバンの支配に復してしまいました。今回はタリバン兵士らの統率ができていないため、前回よりもさらなる治安の悪化をまねいています（前田耕作・山内和也編著『アフガニスタンを知るための七〇章』明石書店、二〇二一年）。

難民が増え、人々は飢餓にも直面し、アメリカ軍のアフガン攻撃前より、事態はいっそうわるくなっているのです。

イラク戦争もアフガン攻撃も多くの人々の血を流し、住民を悲惨な状態に追いやり、国土や住居を破壊したという結果をのこしただけでした。アメリカはベトナム戦争と同じあやまちをくり返したことになります。

戦争をおこしたことによってアメリカの軍・産・金融複合体は潤ったでしょうが、アメリカの財政の負担は増大し、社会の分断や荒廃もすすみました。

戦争は、戦場となったアフガニスタンやイラクの人たちにとって益するところがなかったばかりでなく、アメリカの人たちにとってもよくありませんでした。

日本にも、ねつ造された大義にもとづくアメリカのイラク戦争を支持した政治家、外交官、国際政治学者が少なからずいました。しかし、彼らがその過ちをみとめたのを見たり、聞いたりしたことがありません。

戦争や武力では、結局なにも解決しないというのが歴史の現実です。

「真の現実主義」とはそのような歴史の現実をふまえて、戦争や武力衝突をおこさせてはならないという決意のもとに、平和共生への方途をさぐることではないでしょうか。

「正義の戦争」などない

井伏鱒二は、被爆者の悲哀を描いた『黒い雨』（新潮文庫）のなかで、次のように主人公に語らせています。映画にもなりましたから、ご存じのかたも多いでしょう。

戦争はいやだ。勝敗はどちらでもいい。早く済みさえすればいい。
いわゆる正義の戦争よりも不正義の平和の方がいい。

わたしたちは、このことばの重みをもっと真摯《しんし》にうけとめるべきではないでしょうか。東西冷戦が終わって以降、「人道主義」の名のもとに各地で戦争がおこされていますが、結果は惨たんたるものです。

日本のナショナリストもそうですが、相手国の非をことさらにあばきたて、「正義の戦争」をけしかける人たちがいます。彼らは、実はそうすることによって自国の品位を貶《おとし》めていることに気がつかないのでしょうか。

戦争や武力行使に反対する。武器を使わず、人道支援や人権保護に徹する。そう覚悟をきめたうえで、どうすればそれを実現できるかにもっと知恵をしぼらなくてはなりません。

直木、谷崎の両賞を受賞した作家の田中小実昌《こみまさ》は、自らの辛く苦しい体験を恬淡《てんたん》とつづる筆致で知られています。

彼の父親はアメリカで洗礼を受けた牧師ですが、広島県の呉市に独立教会をひらいていました。戦況が悪化していくなか、呉の山の上にある父親の教会に来る信者はうんと減っていたそうです。

そのころの呉は軍港都市で、戦艦大和を建造している海軍工廠もありました。記録的なロングランをつづけたアニメ映画『この世界の片隅に』も戦時中の呉がおもな舞台でした。

一九四四年末、小実昌は東大在学中に一九歳で召集されました。中国戦線に送られますが、まもなくアメーバ赤痢にかかってしまいます。

彼はほとんど戦闘もなく終戦をむかえ、捕虜生活に入りました。武漢大学内に設置された収容所のなかでも、下痢とマラリアと栄養失調で苦しみます。死んでいった仲間の兵隊も数多くいました。

ようやくジャンク（帆船）に乗せられて揚子江（長江）を下っていきますが、そこも阿鼻叫喚《あびきょうかん》の世界でした。

（ジャンクの舟底に）たくさんの病人がかさなりあうようにおしこまれているので、便をたれながしの者もあり、高熱でうめいている者、水を飲みたがって、乾いてヒビわれたくちびるを、わなわなふるわしてる者、そのなかで、とつぜん、ゲェッ、なんて大きな声をだしたかとおもうと死んじまう者、ジャンクの舟底におりかさなって寝てる病人のあいだで、こいつ、いつから死んでたんだろう、とまわりの者も死ぬのを気がつかなかったような者もあり、まったく映画にでてくる地獄船のようだった。

（『ポロポロ』河出文庫、二〇〇四年）

戦闘をしなくても兵隊はさんざんな目にあっていますが、日本の軍隊が侵攻した地域で非道なことをした事実からも目をそむけてはなりません。

人を悪魔にする戦争

次に、『戦争中の暮しの記録』（暮しの手帖社、一九六九年）にのった手記を紹介します。復員してきた同僚たちから、戦地で彼らのおこなった行為について聞かされたKさんの思いがつづられています。

敗戦当時、十六才で国鉄の機関助士だった私は、あの日を境にして、中国大陸から、南方諸島から、はたまた内地の各所から、名も顔も知らぬ先輩がぞくぞくと職場へ復帰してくるのを迎えた。一緒に乗務することもあったし、詰所で浴場で、戦場での体験を聞かされたけれど、戦争の悲惨さ、無益さ……などを訴える声はほとんどなかった。

残虐行為に近いようなことなどを得意げに語るのを聞かされて、へきえきすることもあった。若い私ではあったが、砲煙弾雨の下、生死の境をさまよいながら、この人たちはいったい、戦争から何を把《つか》み、何を学んできたのだろうかとやり切れない思いをしたものだった。

……

満州事変から敗戦の日まで十五年間、永い戦いであったが、一部の人たちを除いて、日本人に戦禍の及んだのは、せいぜい末期の二、三年であった。しかし、私は、中国の人たちは終始、言語に絶する惨苦を、われわれ日本人によってなめさせられたことを、決して忘れてはならないと思う。

ただ単に人命や財産資源のみならず、無数の非人間的行為が、日本人によってなされたことを絶対に忘れてはならない。それぞれの家庭で、よき父であり、やさしい夫であり、心やさしき息子であったに違いない人間が悪魔にされるのが戦争なのである。悲惨な生活を強いられるがために戦争に反対するのではなく、悪魔にされるのを拒否するために反対しなければならない。

戦争に行けば人を殺さなければなりません。軍隊は人を殺せるように兵士を仕立てあげます。一九一八～二二年のシベリア出兵は、アメリカ、イギリス、フランス、イタリアなどとともにロシア革命への干渉を目的としておこなわれたものです。日本は他の国々が撤退した後も駐留をつづけ、国際的な非難をあびています。
黒島伝治は一九二一年、二三歳でそのシベリアに派兵されました。肺疾患のために一年で除隊になります。
除隊後、貧しい農民の悲哀や戦地における兵士の苦悶を一兵卒の立場からつづりました。「戦争について」というエッセイには、次のような一節もあります（紅野謙介編『黒島伝治作品集』岩波文庫、二〇二一年）。

人を殺すことはなかなか出来るものではない。身体の芯から慄えてきて、着剣している銃を持った手がしびれて力が抜けてしまう。そしてその時の情景が、頭の中に焼きつけられて、二、三日間、黒い、他人に見えない大きな袋をかむりたいような気がする。しかし、それも、最初の一回、それから、二人目くらいまでである。戦闘の気分と、その間の殺気立った空気とは、兵卒を酔わして半ば無意識状態にさせる。そこで、彼等は人を殺すことが平気になり、平素持っていそうもない力が出てくる。

京大で中国文学を講じていた高橋和巳は、作家としても活動していました。『悲の器』や『我が心は石にあらず』など彼の作品の多くは、権力にあらがう人間の内面の苦悩を深くほりさげたものです。

高橋和巳は『邪宗門』（河出文庫）のなかで、次のように書いています。

心中の血をしたたらせた悪魔に気付かずにすごせる人は幸せである。それを無智と罵ろうとは思わない。だが万物は自己にそなわる。その自己の内部に巣くう恐ろしい悪の存在を知って、所詮は自己の幻影にすぎぬ他者を信じることは出来ない。座禅も心頭の滅却も、遂にその心中の悪魔を滅しえなかった。

ニーチェのいう「ルサンチマン」（憎悪や復讐心のうっ積した状態）の元となる恨み・憎しみ・ねたみなどの感情は、誰にでもわいてきます。仏教でいう「五欲」（財欲・色欲・名誉欲・飲食欲・睡眠欲）も多かれ少なかれ誰にでもあります。

人は誰しも、正しく清らかな心ばかりをいだいているのではありません。自己の内部に巣くう邪悪な心や欲望と葛藤《かっとう》し、懊悩《おうのう》しながら生きているのではないでしょうか。

人間はそんなに意志がつよく、りっぱなものではありません。戦争の修羅場になれば人は変わるし、残虐なこともするようになってしまうのです。

自分たちの安全がおびやかされる恐れがあれば、無辜《むこ》の人々を犠牲にすることもいといません。上官から命令されれば無実の人でも拷問にかけるし、捕虜を刺殺したりもします。

極限まで飢えれば、人をおしのけてあさましく食べ物をうばいあい、ときには死んだ戦友の肉を食べたりするようなことまでします。

人間をそんな邪悪な心と悪魔の所業が支配する状況のなかに追いこんではいけません。

軍隊の不条理

高橋和巳を文壇に送り出したのは、河出書房の編集者であった坂本一亀《かずき》です。ＹＭＯの坂本龍一の父親といったほうが、今の若い人にはわかりやすいかもしれません。

坂本一亀は一九四三年末に学徒出陣で満洲に送られます。戦時中は例にたがわず、一亀も一途な皇国少年でしたが、軍隊を経験することによって軍隊を憎むようになります。

復員後、河出書房の編集者となった一亀は、次々と新人の作家を育てていきました。

野間宏の『真空地帯』は、軍隊のなかで横行する不条理や醜い人間関係を克明にあばいたものです。

高橋和巳の『悲の器』は、労働組合のリーダーとして労働運動にたいする責任と個人の恋愛感情とのあいだでゆれる青年の苦悩をえがいています。

小田実《まこと》の『何でも見てやろう』は、意気軒昂な若者が好奇心いっぱいに世界を旅した放浪記です。カネがないので、街路の地べたで寝たこともあります。小田はのちにベ平連代表となり、非暴力の反戦運動の担い手となります。

いいだ・ももの長編小説『神の鼻の黒い穴』は、戦争という大きな犠牲をはらって手に入れた自由について、その恐ろしさやむなしさをつづったものです。「神聖な、淫蕩な、出口にして入口、神の鼻の黒い穴」。この世自体がそのアナかもしれないというのです。

坂本一亀がこれらの新進作家の作品を精力的に世に送り出した気概の根底には、戦争や軍隊にたいする不信や反感があります。

編集者として『真空地帯』の原稿を読んだときの感想を、一亀は次のように書いています（田邊園子『伝説の編集者　坂本一亀とその時代』河出文庫、二〇一八年、原本は二〇〇三年）。

昭和十八年十二月、学徒動員で入隊した私たちにたいする古年次兵の扱いは特にきびしかった。……それでもお前は大学出かッ、と何かにつけてひっぱたかれ、長い柄《え》の汁杓子で頭を打ち割られ、敬礼がわるいといっては上靴の往復ビンタをくらった自分の映像が読みすすんでゆく原稿の背面から息苦しいまでにどうしようもなく浮かびあがってくるのである。

自国の利益のためには手段を選ばず、意図的に悪らつなことをさせるのも戦争です。日本軍は占領した満洲や華中地区でアヘン・麻薬取引をおこなって巨額の収入を得ていました。里見甫などの特務機関や民間商社などが裏で暗躍しています。

その目的は、中国の民衆の体力を低下させて抵抗力をよわめるためであり、日本軍や植民地経営の費用をまかなうためでもありました（内田知行・権寧俊編『アヘンからよむアジア史』勉誠出版、二〇二一年）。

南京における大量殺りくと性暴力や、ハルビンにおける七三一部隊の人体実験などはよく知られていますが、そのほかの地でも同じようなことがおきていたのです。たとえば、北京の静生生物研究所では細菌戦研究がおこなわれていました（中生勝美『近代日本の人類学史――帝国と植民地の記憶』風響社、二〇一六年）。

班忠義は黒竜江大学日本語科を卒業してから来日しました。上智大学大学院で学んでのち、映画監督や作家として活動しています。

班が監督したドキュメンタリー映画『太陽がほしい』は、二〇一五年に完成しました。山西省や湖北省の農村において日本軍による性暴力の犠牲になった被害女性たちから、二十年にわたり聞きとりをした記録です。

この映画のタイトルは、何日も監禁部屋に閉じこめられて、性的暴行をうけつづけた一人の女性のことば、「太陽の光を浴びたい」からきています。

中国近現代史の研究者で、中国社会によく通じている内田知行によると、湖南省の南県廠《しょう》窖鎮《こうちん》でも日本軍の蛮行がありました。

内田が訪れたその記念館には、一九四三年五月九〜一二日の間に三万人が殺され、二千件余の婦女暴行があり、三千戸の家屋が放火破壊されたと記録されているそうです。当時、日本軍のせん滅作戦によって、廠窖鎮には国民党第七三軍一万人、難民二万人、住民二万人が追いこまれていました。

その記念館を建てたのは、「被害の記憶を継承し、国恥を忘れず、愛国主義の精神を広めるため」でした。

戦争がのこした国家観

東アジアでナショナリズムのたかまりがみられると冒頭で述べましたが、各国でナショナリズムの形成のしかたはそれぞれに異なっています。

日中戦争や太平洋戦争にいたる一連の戦争の記憶が、それぞれの国の戦後の歩みに大きな影響をおよぼしているからです。

二〇二一年は日本が真珠湾攻撃をしてから、ちょうど八十年でした。メディアでもさまざまな特集が組まれました。

そこでは、なぜ軍事力も経済力も強大なアメリカとの戦争をはじめたのかという疑問がまず出されます。そのうえで、日本の指導者や軍部の非科学的で不合理な判断を追及するという報道姿勢がめだっていました。

しかし、鶴見俊輔も指摘しているように、あの戦争は一九三一年の満洲事変からはじまる日中戦争、太平洋戦争とつづく十五年戦争でした。

米英と戦端をひらく前から中国での戦線は果てしなくひろがり、泥沼化していました。米英との戦争は中国やアジアへの侵略をもっとつごうよく遂行するためのものでした。

ところが、いまの日本人には、強いアメリカと戦ったから負けたのだという潜在的な意識が色濃くのこっています。一九四一年、若き日の竹内好はアメリカとの開戦の報を聞いて、「日本は弱い者いぢめをしていたのではなかった」と快哉《かいさい》をさけんだのですが、そのような気概はいまではほとんどみられません。

それどころか、戦後日本のナショナリズムには、世界でいちばん強いアメリカにつき従っていればいいという安易な性向がみられます。

戦後八十年にもなるのに、占領軍として来たアメリカ軍の基地はあい変わらず存在したままです。日米地位協定の不平等は是正されず、アメリカからの武器購入や基地経費の負担もアメリカの言いなりになって、要求に応じています。

新型コロナのオミクロン株の急速な拡大は、沖縄や岩国の米軍基地が兵士の外出を禁止しなかったこともその要因の一つです。

沖縄県民はいくたびもの選挙で辺野古基地に反対する意思をしめしてきましたが、国はそれを無視しつづけています。

日本のナショナリストは中国の脅威をさかんに言いたてますが、沖縄にアメリカ軍基地が集中し、沖縄の人たちが不自由な思いをしていることには無とんちゃくです。自国に外国の軍事基地があることをよしとするナショナリストなど、自家撞着《じかどうちゃく》ではないでしょうか。

アメリカは、日本との戦争に勝って、日本を民主化したのだというごう慢な自信をもっています。敵国を徹底的にやっつければ従順になるという信念にとらわれています。そのため、アメリカのナショナリズムは自国に逆らうものにたいし、やたらに戦争をしかけるという好戦的な体質からぬけ出ることができません。

アメリカの好戦的な体質、あるいは臆病《おくびょう》とみられることを極端にいやがる性向は、アメリカ人にまつわる進歩史観に由来するところがあります。

著名なジャーナリストで、ベトナム戦争を批判したW・リップマンは次のようにのべています（掛川トミ子訳『世論』岩波文庫、一九八七年）。

アメリカ人は、たいていの汚辱には耐えるだろうが、進歩がみられないと後ろ指を指されることだけは我慢できない。

中国人には、自分の国が弱く、だらしなかったから外国に侵略されたのだとかんがえるところがあります。その「国恥」をすすぐため、富国強兵によって大国になることをめざしているのです。

一九一五年五月九日は日本が二十一ヵ条の要求を中華民国の袁世凱政府に承諾させた日です。日本は山東利権の譲渡や関東州の租借期限の延長などの帝国主義的要求を出し、最後通牒をつきつけることによって中国側に無理やりみとめさせました。

この日を中華民国は「国恥記念日」として、その屈辱をわすれないようにしています。この思いは国民党の中華民国であろうと、共産党の中華人民共和国であろうと変わりありません。国民党が台湾に移ってからも国恥記念日はつづいています。

二〇二一年一一月の中共六中全会は、習近平体制のいっそうの強化をめざしたものです。党の三回目の「歴史決議」も採択されました。

そのなかで、建党百年の成果として次の点をあげています。

「半植民地・半封建社会の歴史」に終止符を打ち、「人民が徹底的にいじめられ、抑圧され、奴隷のように酷使される運命」から脱却した。そして中華民族を復興させ、先進国が数百年かけた工業化を数十年で達成し、経済の急速な発展と社会の長期的な安定という二つの奇跡をなしとげた。

中国のナショナリズムが大国化、強国化へのあこがれにも近い脅迫観念を脱するには、まだ時間がかかりそうです。

韓国は、日本に併合され、同化をせまられた歴史のゆえに、日本への恨みで国民がまとまりやすくなる傾向があります。従軍慰安婦や徴用工の問題をめぐる日本との確執は、簡単にはおさまりそうもありません。

「大韓民国臨時政府」は一九一九年に上海で設立されました。その後の日中戦争の拡大によってさらに奥地の重慶に拠点を移さざるをえなくなります。しかし、それでも日韓併合にずっと抵抗しつづけました。

臨時政府の大統領であった朴殷植《パクギンシク》は、『韓国通史』という本をあらわしています。そのなかにある次の記述は、韓国の小学校の教科書にも引用されているものです。

彼ら（日本人）の食べ物、衣服、家屋はわれわれから流れ、宗教や芸術もまたわれわれから行ったものである。だから、彼らはわれわれを師としてきたにもかかわらず、今になってわれわれを奴隷にしようとするのか。

（石渡延男監訳『わかりやすい韓国の歴史――国定韓国小学校社会科教科書』明石書店、一九九八年）

韓国のナショナリズムには、反日をかかげれば容易にまとまる傾向がみられます。アジアの国々の日本への恨みは深いといわざるをえません。

日本人はそうしたアジアの人たちの気持ちをおもんばかる心をもちつづけたいものです。

戦時中の日本軍のふるまいを正当化しようとするようなことをいって無知をさらけ出し、みずからの見識を疑われるようなことがあってはなりません。

2 もし武力侵攻されたら

これまでのところで、戦争をしてはいけない、戦争をさせてはならないということをのべてきました。しかし、ウクライナやガザなど現実の世界では野蛮な戦争がおきており、多くの民衆が戦火のなかを逃げまどっています。

国際政治の舞台においては、暴力には暴力で、武力には武力で報復せよというパワー・ポリティックスの論理がまかりとおっています。だが、それでは憎しみの連鎖をうながすだけであり、暴力の応酬は止まりません。

暴力の応酬を止め、反戦非戦の道をつらぬくにはどのような論理で対抗していけばよいのでしょうか。

ある講演会での質問

二〇二二年三月にひらかれたある講演会で、私は次のような質問をされたことがあります。

「日本が平和を望み、平和主義の道を歩んでいたとしても、もし他の国が侵略してきたらいったいどうすればよいのか」

当時、さかんにマスメディアでとりあげられていた香港での民主化運動の鎮圧や台湾海峡の緊張をふまえて、中国とどう向きあったらよいかを懸念されての質問だったと思います。中国との関係においては、日本が下手な外交をすれば、尖閣諸島の領有をめぐっての紛糾はありうるでしょう。しかし、他国が日本に攻めてくることを心配する前にかんがえるべきことがもっとあるのではないでしょうか。

神崎多實子は、細川護熙、橋本龍太郎、小渕恵三など歴代総理の訪中時の通訳をしたことがあり、長年にわたってＮＨＫ・ＢＳ放送の通訳も担当してきた日中文化交流のベテランです。

戦時中、一歳のときに中国にわたり、一八歳まで中国で暮らしてきました。大陸科学院に勤めていた父親が戦後も中国で留用されたからです。

神崎は、近年の日中関係について次のようにのべています（神崎多實子「中国語を生涯の友として」『善隣』二〇二三年三月号）。

一九六〇年、訪中した作家代表団（団長：野間宏）に対し、陳毅・副総理兼外相は次のように言った。

「仮に中国が過去の戦争にこだわって日本を憎しみ続け、一方日本は過去の戦争をすっかり忘れ去ってしまったら、両国は仲良くやっていけません。」

いま私たちは、六〇年前のこの言葉をもう一度、反芻すべきではないだろうか？「敵基地攻撃」を「反撃」と言い換えたところで、かつて人様の国土を踏みにじったのは、いったいどこの国だったのだろうか。世界情勢がいかに変化しようとも、憲法の精神を守り抜き、隣国同士の子々孫々に続く友好を願わずにはいられない。

現在の日中関係と一九六〇年代の日中関係とでは国際情勢が異なり、中国も日本も外交政策が大きく変わっています。しかし、戦争を回避するという点では一致できるはずです。

むしろ、一九六〇年代のほうが冷戦下で日中間はずっと疎遠な関係にあったのですから、互いに理解しあうのはもっとむずかしかったでしょう。現在では一九七〇年代から交流をかさねてきた蓄積があります。戦争を回避することができないわけはありません。

中国が攻めてくるのではないかと日本人が恐れるのであれば、それ以上に、日本が攻めてくるのではないかと中国人が疑念をいだく可能性のほうがもっと大きいでしょう。なぜなら、神崎ものべているように、過去に中国を侵略したのは日本のほうだからです。

だいたい日本には米軍基地が敗戦後からずっと置かれたままです。いまさら外国の軍隊が日本に侵略してきたらどうするかを心配するのもどうかと思いますが……。

米軍は戦勝国の占領軍として日本にやってきました。沖縄においてのみならず、日本各地で一般の日本人に対する米軍兵士による殺人や性暴力などの蛮行はけっして少なくありませんでした。

いまなお、米軍は日本の航空管制の重要部分をにぎり、警察権や裁判においても特権的な地位をにぎっています。

占領軍を進駐軍と言いかえ、さらには同盟軍と言いなそうとも占領軍としての本質はかわりません。日本のナショナリストはつごうのわるい現実には目をむけず、その現実をなかったことにしようとしています。

これは、オスタリッチ・ポリシー（ダチョウのやりかた）というものではないでしょうか。ダチョウが危険に出あうと頭を砂の中にかくすいわれから発しています。

日本のいまの若い人たちには、一九六〇年や一九七〇年の日米安保条約改訂にたいする反対闘争があったといってもピンとこないでしょう。暗黙のうちに日米同盟という感覚をいだく人々が増えてきています。

日本全体の世論も変わってきました。六〇年安保における全学連のスローガンの一つは、「われわれはもう二度とアジアの青年と戦わない！」だったのですが。

いまでは日米安保条約反対などと公言する政治家もいなくなりました。せいぜい九条改憲阻止というくらいです。

それはそれとして、ロシアがウクライナに軍事侵攻しているという世界の現実もあります。中国が台湾に武力侵攻する可能性も否定されてはいません。

もし仮にそのように武力侵攻をされた場合には、いったいどのように対処していけばよいのでしょうか。

ロシアによるウクライナ侵攻

ウクライナのゼレンスキー大統領は、ロシアの暴虐に対し、西側諸国から武器の供与や軍事支援をうけて戦うという道を選択しました。しかし、それでは戦場となっているウクライナの多くの市民の命が失われ、国土が破壊されます。

ロシアとウクライナの戦争はドローンを飛ばし、ミサイルで標的をピンポイントで攻撃したり、情報戦やサイバー攻撃をしかけたり、高度な科学技術を用いた新しい戦争の様相もみてとれます。ですが、戦争の現場の実態は過去の戦争となんら変わりありません。兵士は生命を賭《と》して戦い、民間人は戦火のなかを逃げまどっています。

実際のところ、ロシアが軍事侵攻を始めてから一年になる二〇二三年二月二四日までのあいだに、わかっているだけでもウクライナの民間人の死者八〇〇六人、負傷者一万三二八七人をかぞえています。国外への難民も八〇〇万人にのぼります。

ウクライナの兵士の死者は、二〇二二年一二月までのところで一万〜一万三千人と発表されています。兵士の死傷者はロシアのほうが多く、二〇万人です。そのうち、死者は四万〜六万とみられています（『東京新聞』二〇二三年二月二四日）。

西側諸国や専門家の間では、ゼレンスキーはよくやっているという評価がおおかたのようです。

> はっきりしているのは、開戦後のゼレンスキーが非常にうまくやったということである。有事のリーダーはこうあってほしいと皆が思う通りに彼は振る舞ってみせた。
>
> （小泉悠『ウクライナ戦争』ちくま新書、二〇二二年）

たしかにゼレンスキーは、戦時下の指導者としては絶妙の対応をしているといえます。ウクライナ国民をよくまとめてロシアと対決し、西側諸国から軍事支援をとりつけ、国際会議でもロシアの不正義を雄弁に訴えかけました。

日本に留学し、日本語の著書もあるウクライナの女性作家、オリガ・ホメンコも、ゼレンスキーのことを「時代が生み出した英雄」と評価しています。

> ゼレンスキーは、彼のことが嫌いだった人でもこの一年間で大ファンになった。発言と行動が一致している。ウクライナ語の能力も上達し、演説では彼の政治家としての、また一人の人間としての成長が見えている。一気に尊厳を集めるようになった。……ユダヤ人でもあり、モダンな多民族国家ウクライナにふさわしい最高のリーダーとなった。
>
> （オリガ・ホメンコ『キーウの遠い空――戦争の中のウクライナ人』中央公論新社、二〇二三年）

オリガ・ホメンコによると、ロシアの侵攻が始まった翌日に最高会議議長や国防相らとともに徹底抗戦をよびかけたゼレンスキーのメッセージがつよく印象にのこったそうです。また、「（退避のための）タクシーではなく、武器をください」とたのんだ大統領として歴史に名をのこすだろうと賞賛しています。

このように、ロシアの侵攻に対するゼレンスキーの行動については、国際的にも国内的にもおおむね高く評価されているといえます。

しかし、ここで一歩しりぞいて、かんがえてみることはできないでしょうか。つまり、ウクライナにはロシアと正面から武力で戦うという選択肢しかなかったのかどうか。

軍事力や経済力の面では、ウクライナは圧倒的にロシアより弱い立場にあります。人口は四千三百万人を超え、ヨーロッパでは少ないほうではありませんが、一人あたりGDPはヨーロッパでもっとも貧しいグループに入っています。

軍事衝突をすれば、ウクライナの劣勢は目にみえています。

一国の指導者には自国の国民の命をどうやってまもるかの責任があります。圧倒的な軍事力をもつロシアと戦争をすれば、犠牲になるのはウクライナの国民であり、破壊されるのはウクライナの国土です。

たとえウクライナのほとんどの国民がロシアの暴虐に憤激し、武器をとって戦えと世論が沸騰したとしても、指導者は冷徹にして合理的であらねばなりません。彼我の経済力・軍事力と国際情勢を分析し、国民の命をまもるにはどうすればよいかの判断をくだすのが指導者としての責務です。

二〇二二年五月に東京で開催された第二七回国際交流会議「アジアの未来」において、マレーシアの元首相、マハティール（九六歳）は次のように発言しています。かつて「日本に学べ」という〝ルック・イースト〟政策をかかげ、独自の政治スタイルをつらぬいた老練な政治家らしい見方です。

ロシアによるウクライナ侵攻は現時点では二国間の限られた戦争だ。だが、北大西洋条約機構（NATO）加盟国が（ウクライナへの）兵器供与などを通じて関与を深めている。他の国々も積極的な立場をとれば、ロシアがさらに軍事圧力を強め、より大きな戦争に発展する恐れがある。

「歴史から学ばないものは過ちを繰り返す」という言葉がある。世界は二度の大戦を経験し、大勢が犠牲になった。大戦は問題の解決につながらなかった。

戦争はいつも小さく始まるが、大きくなり、最終的には世界大戦へと発展しうる。人類を破滅させかねない。圧力や軍事力によって関与を試みれば、ますます緊張が高まる。交渉や仲裁、法律によって終わらせなくてはならない。

（『日本経済新聞』二〇二二年六月二二日）

二〇二三年五月二一日、広島で開かれたG7サミットをゼレンスキーが電撃訪問しました。彼は広島平和記念資料館を見学した後の演説で、「世界に戦争は存在すべきではない」、「人間の人生、命は一番大きな価値観だ」とのべています。さらに、「ウクライナ人の命をまもるのが一番大事だ」とも発言しています。

ウクライナの指導者として何がもっとも大切かをゼレンスキーはよくわかっているはずです。

しかし実際には、ロシアへの反転攻勢をするためにF16戦闘機など、さらなる武器供与をもとめました。

二〇二三年九月一九日、ゼレンスキーは国連総会で演説しました。そこでも「侵略者を倒すための団結を」とよびかけ、ウクライナへの支援継続をもとめました。

西側からの軍事支援をうける一方で、ウクライナでは国防省幹部や武器製造業者による迫撃砲弾の架空発注などの汚職事件も発生しています。武器取引の裏には、みずからは前線におもむくことなく、安全なところで甘い汁をすう人たちが存在しています。

ウクライナはロシアとNATO諸国とのはざまで生きなければならない地理的・歴史的な位置にあります。ウクライナという国の指導者として、ゼレンスキー大統領の選択した道はその責務をはたしているといえるでしょうか。

チェコスロバキアのビロード革命

では、武力でロシアと対抗する以外にどんな道があるというのでしょうか。

ここで、私が例としてあげたいのは、一九六八年六月のチェコスロバキアの「プラハの春」です。

当時、チェコでは音楽や芸術や文学などの分野で欧米の影響をうけた自由化の動きがありました。チェコ共産党の第一書記であったドプチェクは、このような民主化の動きや社会主義改革運動を支持していました。

これにたいし、当時の社会主義陣営の盟主であったソ連はドプチェクをモスクワによびつけ、改革運動の実行を断念するよう圧力をかけます。

それと並行して、ソ連はワルシャワ条約機構軍を投入して、チェコスロバキア全土を制圧しました。「プラハの春」は、戦車の轍《わだち》によって押しつぶされたのです。

このとき、ドプチェクや劇作家のヴァーツラフ・ハヴェルたちチェコの指導者は武器をとって戦おうとはしませんでした。そのかわり、ラジオ局からヴァーツラフ・ハヴェルの次のような声明がながれてきました。

みなさん、いまは耐えるときです。あきらめてはいけません。
占領者に暴力で立ち向かわないでください。
わたしたちには別の武器があります。それは故郷への忠誠です。
機関銃や戦車も人間の意志や理念には勝てません。

（NHK映像の世紀「バタフライ・エフェクト」二〇二四年一月二九日放送）

チェコスロバキアの人々は表むきソ連の支配に忍従しながら、裏では長きにわたって民主化を追求しつづけていく道をえらんだのです。

一九七七年にはハヴェルたちは「憲章七七」を発表し、当時のフサーク政権にたいしてヘルシンキ宣言や国連人権宣言の遵守をもとめています（ヴァーツラフ・ハヴェル著／阿部賢一訳『力なき者たちの力』人文書院、二〇一九年）。

ソ連軍の侵攻から雌伏すること二十年、チェコでは一九八九年に「ビロード革命」がおこります。

私は一九八九年一一月二三日から四日間、チェコの首都プラハを訪れる機会がありました。日独ベルリン・シンポジウムで西ベルリンに向かう途次でした。ベルリンの壁が一一月九日に東ベルリン市民の大量通過によって崩壊してから、二週間しかたっていないころです。

プラハの街中を歩いてみると、まさに民主革命のまっただ中で、仕事の終わる夕方ごろからいくつものデモ隊が旗やプラカードをもって通りを行進していました。住民も道端や建物の窓からにこやかに手をふって応援しています。

夜になると、デモ隊はヴァーツラフ広場に集結しました。一九六八年の「プラハの春」でソ連の戦車隊が民主化運動を蹂躙《じゅうりん》したあの広場です。

広場の中に入るとぎゅうぎゅう詰め状態で、私はあわてて傍らの樹の下に避難せざるをえないほどでした。広場の象徴である聖ヴァーツラフ騎士像の周りにはたくさんのろうそくが灯され、人々の表情は自由と解放の喜びにあふれていました。

近くで、私と同年配のアジア系の男性がさかんにデモ隊の写真を撮っているので話しかけてみました。シンガポールから来ているとのことです。

彼は、ここは危険だから早くホテルに帰ったほうがよいと真顔で私にすすめます。一週間前の一一月一七日「国際学生の日」には学生デモ隊と警官隊との衝突がおきていますから、ゆえなき忠告ではありません。

ところが、彼自身はその場を離れるようすがありません。どこかの政府機関の安全保障か公安関係の人ではないかと感じました。

私はひとりの観光客として能天気に民主化運動をながめていましたが、政治外交の最前線では熾烈《しれつ》な情報収集活動がおこなわれていたはずです。

明くる二五日は、郊外のレトナ広場で五十万人集会がひらかれるというので、地下鉄にのってみにいきました。すでに大勢の人々があつまっており、遠くの壇上には数人の指導者らしき人たちがみえます。

底冷えがして体のふるえが止まらないほどの寒さのなか、広場の群衆はしんぼうづよく何時間も指導者たちの演説にききいっています。一九六八年に失脚したドプチェクも登壇しました。私にはチェコ語はわかりませんが、その低く太く力づよい声によって聴衆の歓喜は最高潮に達していました。

ときどき演説に呼応して大きな声をあげている傍らの若者に、「次の指導者はだれになるのか？」と英語でたずねてみました。即座に「ヴァーツラフ・ハヴェル！」と、屈託のない元気いっぱいの答えが返ってきました。

翌日、私はプラハをたって、列車で東ベルリンへむかいました。その日は朝から雪でした。列車がモルダウ川（チェコ語ではヴルタヴァ川）沿いを走っているときには、スメタナ作曲の「わが祖国モルダウ」が流れ、窓外の雪景色とよく調和していたのを思い出します。

この民主化運動によって、チェコスロバキアの共産党政権は退陣しました。無血の「ビロード革命」は成功したのです。一九六八年の「プラハの春」の挫折から実に二十年あまりの闘いでした。

一九八九年一二月には、ヴァーツラフ・ハヴェルがチェコスロバキア大統領に就任しました。それから三年後、一九九三年一月一日をもってチェコとスロバキアは連邦制を解消して、二つの国にわかれました。平和的に分離したので、「ビロード離婚」ともいわれます。

市民的抵抗という方法

ハーバード大学ジョン・F・ケネディ行政大学院教授のエリカ・チェノウェスは、非暴力の「市民的抵抗」の成功例の一つとして、チェコの「ビロード革命」をあげています（小林綾子訳『市民的抵抗——非暴力が社会を変える』白水社、二〇二二年）。

ソ連軍が「プラハの春」を軍事力で制圧したとき、チェコの反体制派は「十ヵ条」として知られるガイドラインを市民に配布し、ソビエト軍への非協力をよびかけています。そのガイドラインには、ソビエト兵士と出会ったとき、次のようにふるまうよう求めていました。

知らない。
気にしない。
伝えない。
持たない。
どうするかわからない。
与えない。
できない。
売らない。
見せない。
何もしない。

「市民的抵抗」（civil resistance）とは、インドにおけるイギリス植民地支配にたいする闘争のなかで、ガンディーが用いたことばです。非暴力の抵抗運動を意味しています。

エリカ・チェノウェスによると、市民的抵抗が成功するか否かは、立場を超えて大多数の人々を参加させることができるかどうか、そして政権の支持者たちを政権から離反させることができるかどうかにかかっているといいます。

非暴力の抵抗運動については、次のような疑問がよく出されます。

すなわち、ガンディーの非暴力は闘争の相手が大英帝国だったから可能だったのであって、もし闘う相手がヒトラーであったとしても非暴力をつらぬくことができただろうか。

この疑問にたいして、エリカ・チェノウェスは大体以下のように答えます。

第一に、イギリスの植民地主義がいかに残酷であったかを認識すべきである。ガンディーの運動は、何度も暴力による攻撃にさらされた。たとえば、一九一九年にイギリスの植民地軍は、インドのパンジャーブ州の都市アムリサトルに集まった非暴力抵抗者たちを何百人も殺害している。

第二に、ヒトラーがとくに対応に苦慮したのは、非暴力の抵抗である。ヒトラーの支配下に置かれたノルウェーやデンマークでは、人々はさまざまな手段で抵抗をおこなっていた。たとえば、ナチスの車輌の燃料タンクに砂糖をながしこむ、抵抗のやり方を秘密出版でひろめる、情報をあつめて抵抗グループにわたす、武器をぬすむ、ストライキや自宅待機を組織する、学校のカリキュラムの変更に協力しない、上からの指示についてわからないふりをする、武器工場を破壊するなどなど。
また、何千人ものデンマーク人が近所のユダヤ人を自宅にかくまい、沿岸に運び、スウェーデンに避難させる船にのせた。それにより、七千人以上のユダヤ人の命が救われている。

ここにのべられているのは、いかに相手が残虐であろうとも非暴力の抵抗運動のほうが効果的であり、しかも犠牲者を少なくすることができるということです。

エリカ・チェノウェスは、「非暴力抵抗はつねに成功するわけではないが、市民的抵抗を非難する者たちがかんがえるよりもはるかにうまくいく」と結論づけています。

抵抗する人たちの苦難

以上のところで、エリカ・チェノウェスの市民的抵抗論をややくわしく紹介してきました。要するにここで私がいいたいことは、戦争をしない、させないということです。理不尽にも狂暴の国によって自国が侵略されたばあいには、非暴力の市民的抵抗で闘うのが犠牲者を少なくする道だと思います。

本節の最初でも問いかけたように、プーチンの暴虐に対抗する道として、ウクライナは武力で戦う選択肢しかないのでしょうか。西側諸国がウクライナに武器を供与して、さらなる戦闘の激化をうながす支援のありかたはほんとうにウクライナの人たちのためになっているのでしょうか。

戦争になれば、多くの人命が失われ、国土も破壊されます。キーウ郊外のブチャでは、ロシア兵による数百人もの民間人の虐殺や多くの性暴力犯罪もおきました。

現にロシアとの戦闘を継続しているウクライナの人たちにたいして酷ないいかたになるかもしれませんが、武力によらないで抵抗する方法、すなわち市民的抵抗の道を選択すべきときではないでしょうか。

このようにのべると、ロシアの陰険で残酷なやりかたを甘くみているとお叱りをうけるかもしれません。

たしかにロシアのプーチンは凶悪です。これまでも反体制派に対して残忍な弾圧や陰謀をくり返してきました。

たとえば、モスクワのアパート爆破事件はテロリストによるものではなく、プーチンとFSB（連邦保安庁）による自作自演だといわれています。第二次チェチェン侵攻の口実をつくり出すためです。

この事件を調査していた下院議員のセルゲイ・ユシェンコフは、二〇〇三年に射殺されました。

元FSB職員のアレクサンドル・リトヴィネンコは、二〇〇六年に亡命先のロンドンで毒殺されました。彼もモスクワのアパート爆破事件を告発していました。

同じく二〇〇六年、ジャーナリストのアンナ・ポリトコフスカヤは自宅アパートのエレベーター内で射殺されています。彼女もチェチェン侵攻に関する疑惑を追っていました。

重田園江は、このようなプーチンの弾圧をきびしく指弾して、次のようにのべています（『真理の語り手――アーレントとウクライナ戦争』白水社、二〇二二年）。

ロシアのやり方は、スパイを送り込み組織を腐らせることと、市民生活を破壊して独立の気概を挫くことの両面からなる。諜報、スパイ、暗殺にかけては、ロシア以上に長けた国は見つからないだろう。

重田の研究するハンナ・アーレントは政治哲学者で、ドイツ生まれのユダヤ人女性です。ナチスの迫害からのがれるために、一九三三年にフランスに亡命し、さらに一九四一年にニューヨークへ移っています。

アーレントは、『全体主義の起源』（一九五一年）、『人間の条件』（一九五八年）などをあらわし、全体主義の思想や現代社会の精神構造を論じています。

アーレントを研究する重田ならでは苦悩の一文があります。

譲歩はつけ入る隙を与え、内側から人心を腐らせる諜報の餌食となる。全面対決は街の徹底した破壊と容赦ない人的被害、殺戮の地獄を呼ぶ。それが分かっていて、いったいどちらを選べばいいのだろう。

この重田の苦悩は、本書のテーマと共通するものです。ロシアによるウクライナ侵攻という事態を目のあたりにして、世界の人々が直面しているディレンマでもあります。

ここが歴史の現実をふまえて、よくよくかんがえるべき勘どころだと私は思うのです。人の心を腐らせてしまう侵略者に対する譲歩という道と、武器を持って戦うという正面からの反攻という道とのあいだに、もっとほかの選択肢があるはずです。

それこそがねばり強い市民的抵抗の道ではないでしょうか。

戦争を回避しながらも、けっして屈服するわけではありません。この市民的抵抗によって、侵略者の支配を断固として拒絶しつづけるのです。

こうして市民的抵抗をつづけていくことによって、侵略者の支配を実効性のないものにし、統治を機能不全に陥らせます。この侵略統治の失敗は、ひいては侵略者の本国での支持を失墜させ、その独裁体制を崩壊させていくことにもつながります。

ロシアはウクライナ侵攻によって、国際社会から多くの非難をあびました。プーチン政権は世界からの孤立を深め、国内でも支持を失いつつあります。プーチンはみずから墓穴をほったのです。

長い眼でみれば、プーチンの独裁体制は弱体化し、崩壊へとむかっています。一九六八年にチェコの「プラハの春」を弾圧したソ連が、それから二十年あまり後に崩壊したのと同じ構図です。

プーチンを倒すのに武力で戦えば、ウクライナの人たちばかりでなく、ロシアの人たちも命を失います。市民的抵抗を長期的にねばり強くつづけていくことによって、犠牲者をできるだけ少なくしながら、プーチンの独裁体制の基盤を瓦解させていく道があるのではないでしょうか。

マーシ・ショアのえがくマイダン革命

武力でロシアと戦う以外にも、ウクライナには市民的抵抗の選択肢もあるのではないかとのべましたが、しかし、その道もそれほど容易なことではありません。

二〇一三〜一四年にウクライナでは民主化を求めるマイダン革命がおきました。

イェール大学で中欧・東欧を研究するマーシ・ショアは、マイダン革命のぼっ発から東ウクライナでの戦闘にいたるまでのさまざまな人々の思いと行動をあとづけています（池田年穂訳『ウクライナの夜――革命と侵攻の現代史』慶應義塾大学出版会、二〇二二年）。

巻末の岡部芳彦の「解説」によると、この本は「マイダン革命についての最も信頼にたるオーラルヒストリー」だそうです。

ソ連崩壊後に独立したウクライナでは、一九九一年一二月にクラチェクが初代大統領になります。三十年以上にわたっての共産党員であった人です。

その後、一九九〇年代にはクチマが大統領となって、「恐喝国家」を継承しました。

二〇〇四年にはクチマの後継者のヤヌコーヴィチが大統領になります。強盗罪で懲役刑に処されたことがあり、オリガルヒ（新興財閥）の支配とギャング的行為を体現した人物です。

ヤヌコーヴィチが大統領選に勝利したのは、対立候補のユシチェンコにたいする毒殺未遂事件と不正選挙によるものだったといわれています。ヤヌコーヴィチはウクライナ東部のドンバス出身で、その支持基盤はウクライナ東部と南部にあります。

二〇〇四年一一月にはヤヌコーヴィチの不正選挙を糾弾する人々がマイダン広場に集まり、抗議の運動が高揚します。これがいわゆる「オレンジ革命」です。

オレンジ革命は無血革命でした。ヤヌコーヴィチを退陣させ、オレンジ革命は勝利をおさめます。

一二月下旬には新たな選挙がおこなわれ、翌二〇〇五年一月にユシチェンコが大統領に就任しました。ユシチェンコはウクライナ中央銀行の元理事長で、民主主義や法の支配をかかげ、ＥＵへの接近を主張しています。

しかし、オレンジ革命の勝利はまがい物にすぎませんでした。なぜなら、「ガスの王女ユリア」と称されるオリガルヒの筆頭、ティモシェンコが首相に就任したからです。大統領のユシチェンコと首相のティモシェンコとの間には溝があり、依然としてウクライナにおけるオリガルヒ支配と汚職の構造はつづいていました。ユシチェンコはみずからの政治勢力を拡大するため、ロシアからの離反をはかり、右傾化をつよめます。

旧ロシア帝国と戦ったウクライナ民族主義者組織（ＯＵＮ）を顕彰したり、ファシストの故バンデラ（一九五九年没）に対し「ウクライナ英雄」という国家最高の栄誉を贈ったりして、ナショナリズムを鼓吹しました。

二〇一〇年の選挙では、ヤヌコーヴィチがティモシェンコを破って、ふたたび大統領の座に返り咲きました。あげくにティモシェンコを逮捕し、収監します。

二〇一三年一一月二一日、ヤヌコーヴィチ大統領はＥＵとの関係を強化する連合協定への署名を拒否することを表明します。リトアニアの首都ヴィリニュスでの調印式（ＥＵと旧ソ連の六ヵ国）はすでに準備万端だったにもかかわらずです。プーチンがヤヌコーヴィチに圧力をかけたからだともいわれています。

その日の夜、ジャーナリストのナイエムはフェイスブックを通じてマイダン広場への集合をよびかけます。「マイダン革命」のはじまりです。

抗議に集まった人々にたいし、ヤヌコーヴィチ大統領は警察・機動隊を動員して弾圧します。しかし、抗議のデモはやむことなく、一二月一四日には二五万人の人々がオケアン・エリズイのコンサートを聴こうとあつまるまでになっていました。

結局、抗議のたかまりをうけて、二〇一四年にヤヌコーヴィチは退陣します。その間隙をついて、ロシアはクリミア占領の挙にでました。

また、二〇一四年春、ウクライナ東部では「親ロ派武装勢力」（主体はロシア軍）とウクライナ軍との戦闘がおこります。この戦闘は、ロシアのプーチンが分離主義者をけしかけてウクライナ国家に反乱をおこさせようとしたものです。

ウクライナの複雑で多様な政治と社会

マイダン革命については、一方には前掲のマーシ・ショアのようにそれを高く評価する見方があります。それにたいし、他方にはマイダン革命から距離を置き、その負の側面にも目をむけた立場もあります。

松里公孝は、旧ソ連圏の解体過程から現在までの政治変動を追ってきた研究者です。彼は、マイダン革命やゼレンスキー大統領の戦争指揮を醒めた目でみています（松里公孝『ウクライナ動乱――ソ連解体から露ウ戦争まで』ちくま新書、二〇二三年）。

松里によると、マーシ・ショアの『ウクライナの夜』の特徴は、マイダン革命参加者との無数の面談を通じて、革命を内側から描き出しているところにあります。

マーシ・ショアは、ロシアの公式見解（マイダン革命をネオナチ運動とみなす）と、リベラルの見解（マイダン革命を合理主義的な欧化運動とみなす）との両方を退けます。そのかわりに、サルトルやカミュに代表される実存主義の立場からマイダン革命を支持します。

このようなマーシ・ショアの見方にたいし、松里は批判的です。

究極の心情倫理、結果無責任の人々により革命は推進されたわけで、この出来事がその後のウクライナの苦難の原因になったのも当然と言える。

マイダン革命には暴力的な要素もありました。

二〇一四年五月二日に起きたオデサ労働組合会館放火事件では、四八名が街頭での衝突や火災およびリンチで死亡しています。マイダン革命における暴力事件のなかでもっとも残虐なものでした。

このオデサ事件について、マイダン派は「不幸な事故」だと釈明し、野党ブロックなど反マイダン派は「周到に計画された権力犯罪」だと断罪しています。

マイダン革命に身を投じた人々、それに抵抗した人々、革命暴力への恐怖から分離主義に走った人々、分離主義に反対して闘った人々など、ウクライナにはさまざまな立場や集団があります。

日本では、ゼレンスキー大統領のもとでウクライナ国民が一致団結してロシアと戦っているかのような報道がなされています。

しかし、松里に言わせると、ウクライナ住民の戦争評価は地域によりさまざまです。クリミアの分離運動も、東部ドンバスの人民共和国運動も、その背景には社会主義解体後のウクライナの貧困化への不満や社会的不公正への怒りがあります。

マイダン革命から今次のロシアとの戦争にいたる経緯をみても、一筋縄ではいかない複雑で多様なウクライナという国の政治や社会のありかたがわかります。

一時しのぎの停戦協定の意義

二〇一四年に起きた第一次ロシア・ウクライナ戦争は、ロシアによるクリミア半島の強制併合とウクライナ東部のドンバス地方での戦闘によるものです。

第一次の戦争については、二〇一四年九月五日にベラルーシのミンスクで停戦協定が調印されます。この停戦協定にはウクライナ、ロシアのほかに、ドンバス地方のドネツク人民共和国、ルガンスク人民共和国も署名しています。

さらに、翌二〇一五年二月一一日にドイツとフランスの仲介により、第二次ミンスク合意が調印されます。

しかし、この停戦合意が仮のものにすぎなかったことは、その後のロシアによるウクライナ侵攻をみればわかります。

前出の松里公孝は、「最も現実的な紛争回避策は、一時しのぎの停戦協定を、綻びを繕いながら何十年でももたせることだ」とし、「国民の団結を高めるのは繁栄と福祉の向上であって、イデオロギーや言語の強制ではない」と結んでいます。


ウクライナはロシアとの戦争で多くの人命を失い、インフラや住居を損壊し、多大な戦費をついやしています。ウクライナの複雑な政治社会情勢のもとで、戦後の復興にどれだけの困難が待ちうけているかをかんがえると、戦闘をつづけることだけが唯一の選択肢なのでしょうか。西側諸国が武器供与に使うカネを、ウクライナの経済復興と民生支援にまわしたほうがよほど有意義ではありませんか。

他国に軍隊を送りこんで、戦争をしかけているのですから、非がロシアにあるのはたしかです。ウクライナの人々の心はますますロシアから離れていっています。

たとえロシアが勝利したとしても、ウクライナの市民的抵抗はやむことがないでしょう。民心の得られないなかで、ロシアがウクライナを支配しつづけることは不可能です。

一方、ロシア国内にも反プーチン勢力が存在します。

ロシアのリベラル派の指導者であったボリス・ネムツォフはエリツィン時代には第一副首相の地位にありました。二〇〇四年のウクライナのオレンジ革命に賛同し、ロシアのクリミア併合に反対してきた人物です。

ネムツォフは、二〇一五年三月一日のロシアでの平和集会を組織した一人です。平和集会の二日前に彼は射殺されてしまいました。

さらに二〇二四年二月には、反体制活動家で弁護士のアレクセイ・ナワリヌイが刑務所で死亡しました。ナワリヌイは獄中からプーチンを批判し、ウクライナ侵攻に反対するデモをよびかけていました。プーチン政権による殺害が疑われます。

このように、ロシアでは反体制派にたいし、あからさまで過酷な弾圧がくりかえされています。ですが、ネムツォフやナワリヌイの跡をつぐロシアの市民たちの抵抗運動は途絶《とだ》えてはいません。

ロシアがウクライナの離反をまねいたばかりか、国際社会からも孤立しつづけていけば、ひいては、プーチン体制の倒壊にもつながっていくことになるでしょう。旧ソ連が歩んできた道と同じです。

イスラエルによるガザ攻撃

ロシア・ウクライナ戦争がつづくなか、中東ではイスラエルとパレスチナとのあいだで武力衝突がおこりました。

二〇二三年一〇月七日、イスラム組織ハマスがイスラエルに越境攻撃して、市民ら一二〇〇人を殺害し、約二五〇人を人質にしたのが直接のきっかけです。

これにたいして、イスラエルは人質の奪還を名目に、ハマスの支配するガザ地区を攻撃しました。

イスラエル軍による破壊は容赦《ようしゃ》ありません。

武力の差による不均衡は悲惨な情況をうみだしています。無抵抗のガザ地区の住民が殺害され、住居を追われました。

国境なき医師団（ＭＳＦ）は、「病院が堂々と破壊され、医療関係者が攻撃の対象となっている」と惨状をつたえています。

ガザ保健当局の発表では、二〇二四年四月までのガザの死者は三万三八九九人になります。犠牲者の七割は子どもや女性でした。

国連女性機関は一万九千人の子どもが孤児になったと推計しています。

二〇二四年六月、ユニセフ中東・北アフリカ地域事務所のアデル・ホドル代表は、ガザが「子どもたちの墓場と化している」と惨状をうったえました。

大国のダブル・スタンダード

イスラエル・パレスチナ紛争の収束をむずかしくしているのは、歴史的に積みかさねられてきた要因があるからです（拙著『知と実践の平和論——国際政治経済学と地域研究』明石書店、二〇〇七年）。

一つめの要因は、イギリスの帝国主義的な野望です。

第一次世界大戦のさなかのことです。ドイツなど三国同盟と敵対するイギリスは、一九一五年にアラブ人に向けて「マクマホン書簡」を送ります。

この書簡は、アラブ人が東アラブ地域において独立国家を建設することを承認したものです。当時、ドイツにくみしていたオスマン帝国にたいして、アラブ人の反乱をうながすためでした。

他方で、イギリスは一九一七年にユダヤ人に向けて「バルフォア宣言」を発します。この宣言は、ユダヤ人の「民族的郷土」の建設を約束したものです。戦費調達へのユダヤ人の協力をとりつけるためでした。

さらに、あろうことかイギリスは、中東への利権をねらうフランス、ロシアとともに「サイクス＝ピコ協定」をむすんでいます。この協定は、戦後にオスマン帝国領をこれら三国で分割しようという密約です。

イギリスによるそれらの外交的約束は互いに矛盾した「三枚舌外交」といえます。中国語の「両面三刀」（うちまた膏薬《ごうやく》）そのものです。イギリスの目的は中東におけるみずからの利権の獲得にあります。

イスラエル・パレスチナ紛争の収束をむずかしくしている二つめの要因は、国連やアメリカに代表される国際社会のイスラエル寄りの姿勢です。

第二次大戦後の一九四七年、国連で「パレスチナ分割決議案」が採択されました。アラブ人とユダヤ人とがパレスチナを分割統治しようというものです。

この案によると、パレスチナ全体の土地の五七％がユダヤ国家のものになってしまいます。聖地エルサレムとベツレヘムは国連統治となります。

決議案が採択された当時、パレスチナの人口はパレスチナ人一三〇万人にたいし、ユダヤ人はその半分の六六万人にすぎませんでした。ユダヤ人所有の土地も全体の五〜六％でしかありません。

ですから、採択された国連案はイスラエル側にかたよったもので、当時の実態からあまりにもかけ離れたものでした。

この国連案が採択されると、アラブ人は強烈に反発し、アラブ側とユダヤ側との武力衝突がおこります。パレスチナを支援するアラブ諸国とイスラエルとのあいだで、第一次（一九四八〜四九年）、第二次（一九五六〜五七年）、第三次（一九六七年）、第四次（一九七三年）の中東戦争もぼっ発しました。

すでに一九四八年には、パレスチナ難民の故郷への帰還を承認する国連総会決議一九四号が採択されています。また一九六七年には、イスラエルにたいして東エルサレム全域からただちに撤退することをもとめる国連安保理決議二四二号が採択されました。

ところが、圧倒的な武力を誇るイスラエルはこれらの国連決議をないがしろにして領土を拡大し、パレスチナ人の土地を奪っていきました。

さらにヨルダン川西岸にまでユダヤ人入植地を拡大していき、いまではそこに七〇万人が住みこんでいます。

他方、パレスチナ難民の数は三世代目、四世代目となり、二〇二一年には六三〇万人にふくれあがっています。

外交官としてイスラエル・パレスチナ紛争を見てきた中川浩一は、双方のレッドラインが正面から衝突し、和平を困難にしているといいます（『ガザ――日本人外交官が見たイスラエルとパレスチナ』幻冬舎新書、二〇二三年）。

パレスチナ側がどうしてもゆずれないレッドラインは、国連安保理決議二四二号にしたがってイスラエルが東エルサレムから撤退する、および国連総会決議一九四号にしたがってパレスチナ難民が故郷に帰還できるようにする、の二点です。

それに対し、イスラエル側のレッドラインは、統一されたエルサレムをイスラエルの恒久的な首都とする、およびパレスチナ難民にイスラエル国内（故郷）に帰還する権利を認めない、の二点です。
両者のレッドラインは真っ向からぶつかりあっています。

二〇二三年以降のイスラエルによるガザ攻撃は、ガザ住民をさらなる悲惨な情況に追いこみました。ガザ地区の多くの住居が破壊され、新たな難民がうまれています。

国連安保理では即時停戦を求める決議案が何度も提出されました。しかし、アメリカの拒否権行使によってことごとく否決されています。

二〇二四年五月にはＩＣＣ（国際刑事裁判所）がイスラエルのネタニヤフ首相とガラント国防相にたいして戦争犯罪の疑いで逮捕状を請求すると発表しました。ＩＣＣはロシアのプーチン大統領にも逮捕状を請求しています。

ところが、アメリカのバイデン大統領はプーチンにたいする逮捕状請求にはＩＣＣを支持する姿勢をしめしたのに、ネタニヤフにたいする逮捕状請求には反対しているのです。アメリカのダブル・スタンダードはいまに始まったことではありませんが。

イギリスの「三枚舌外交」からアメリカのダブル・スタンダードにいたるまで、大国のエゴが中東の和平を遠のかせている重大な要因です。

第Ⅱ章　日本の反戦非戦の系譜

植民地を放棄せよと主張した石橋湛山
（国立国会図書館蔵）

前章では、正義の戦争など存在せず、戦争は人を悪魔にし、憎しみの連鎖をもたらすだけだと論じてきました。

また、もし自国が侵略されたなら、非暴力の市民的抵抗という道があるということものべてきました。そこには、戦争をしない、戦争をさせないという反戦非戦の覚悟が根底にあります。

実は、日本にも明治以降から現在にいたる確固とした反戦非戦の系譜がつながっているのです。反戦非戦の志と足跡をたどっていきます。

1　日清戦争に反対した勝海舟

東洋のことは東洋で

アジアの反戦非戦を達成するうえで、最初にとり上げたいのは勝海舟です。

周知のように勝は徳川幕府の幕臣で、軍艦奉行もつとめました。徳川と官軍（薩長）との戦いで江戸が火の海にならないよう、西郷隆盛と談判して江戸城の無血開城を実現した人物でもあります。

勝海舟の武力衝突を避けようとする姿勢は、薩長側からも徳川方からも必ずしも支持されておらず、彼はいくたびも命の危険にさらされました。

勝は、「人に斬られても、こちらは斬らぬという覚悟だった」と当時の心境を明かしています。京都寺町で勝は三人の壮士に襲われたことがあります。そばにつきそっていた岡田以蔵（人斬り以蔵）がそのうちの一人を斬りすてました。勝は以蔵に向かって、人を殺すことを嗜《たしな》んではいけない、挙動を改めたほうがよいと忠告します。それにたいして、以蔵が「先生それでもあの時私がいなかったら、先生の首はすでに飛んでしまっていましょう」と返したので、勝は一言もありませんでした。

勝は二十回ほど襲撃されたことがあり、足と頭と脇腹に一ヵ所ずつ傷あとがのこっていたそうです。

勝は明治になってからも意気さかんで、新政府の進める対外拡張政策に批判的でした。一八九四年の日清戦争にも反対しています。

日清戦争はおれは大反対だったよ。なぜかつて、兄弟喧嘩だもの犬も喰はないヂやないか。たとへ日本が勝つてもドーなる。支那はやはりスフィンクスとして外国の奴らが分らぬに限る。支那の実力が分かつたら最後、欧米からドシ〳〵押し掛けて来る。ツマリ欧米人が分らないうちに、日本は支那と組んで、商業なり工業なり鉄道なりやるに限るよ。

一体支那五億の民衆は日本にとっては最大の顧客サ。また支那は昔時から日本の師ではないか。それで東洋の事は東洋でやるに限るよ。

おれなどは維新前から日清韓三国合縦《がっしょう》の策を主唱して、支那朝鮮の海軍は日本で引受くる事を計画したものサ。


（勝海舟／江藤淳・松浦玲編『氷川清話』講談社学術文庫、二〇〇〇年）


東洋のことは東洋でやるにかぎる。きっぷのいい勝らしい心意気ではありませんか。アメリカの顔色をうかがうばかりで、日本独自の外交政策やアジア・ビジョンをうち出せない今日の政治家に欠けているのは、この勝のような気概ではないでしょうか。

日清戦争で日本が勝利したあとでも、「ほんとうに勝ったといえるのか、あの訳のわからないところが支那人の特色であり、われの最も恐れるところだ」と、勝海舟の見方は変わっていません。

「みてごらん、イギリスだっていずれ香港を返すよ」という勝の言について、後出（第Ⅵ章）の松本健一は一九九七年の香港返還をいい当てたことになると評しています。

勝は日清戦争当時の朝鮮についても、「半亡国」だとか「貧弱国」だとか軽蔑するけれども、朝鮮はきっと蘇生するだろうとのべています。

朝鮮を馬鹿にするのも、たゞ近来の事だヨ。昔は、日本文明の種子は、みな朝鮮から輸入したのだからノー。特に土木事業などは、尽く朝鮮人に教はつたのだ。いつか山梨県のあるところから、石橋の記を作ってくれ、と頼まれたことがあつたが、その由来記の中に、「白衣《びゃくえ》の神人来りて云々」といふ句があつた。白衣で、そして髯があるなら、疑ひもなく朝鮮人だろうヨ。この橋の出来たのが、既に数百年前だといふから、数百年も前には、朝鮮人も日本人のお師匠様だつたのサ。（『氷川清話』）

こんなエピソードもあります。

武士から料理屋の亭主になった昔なじみをみつけて勝が声をかけたら、その亭主は「まことに落ちぶれまして面目もございません」といった。それにたいして、勝は、「なに、貴様よりはおれのほうが落ちぶれている。貴様は自分の腕で飯を食っているけれど、おれはようやくお上のお蔭で食っている。貴様のほうがずっとえらい」と返したそうです。

そういうことをいえる人物だからこそ、世間がバカにしている当時の中国や韓国・朝鮮を師匠とみなす反骨精神と見識があったのです。

勝には次のような名句（迷句？）もあります。

時鳥　不如帰　遂に蜀魂　（ほととぎす　ほととぎす　ついにほととぎす）

人生を一括して詠んだものだそうです。すなわち、若いころは時流にしたがってやれ政党だとか選挙だとかさわぎたてている。だが、中年から初老にかけては天下のことが意のごとくならなくなり、故郷に帰らざるをえなくなる。そのうち年をとっていき、ついには蜀魂《しょくこん》となる。蜀魂というのもホトトギスのことです。蜀の望帝が亡くなって、その霊魂がホトトギスになったという伝説からきています。

まあ、ずいぶんと人生を達観した洒脱《しゃだつ》な句ではありますが……。

武田泰淳の中国論

勝は、中国人のわけのわからない度量の大きさについて語っていましたが、同じようなことを作家の武田泰淳もいっています。

泰淳は一九三七年から二年間、中国に出征しました。除隊してのちも終戦まで上海にとどまり、そこで中国の歴史の長さと国土の広さを肌で感じとったようです。

あまりにも広大な土地と多量の人民が中国にはあった。統一と分散、引力と遠心力の大きさは、またその影響下にある人間の運命の大きさにつながっていた。
（武田泰淳『黄河海に入りて流る——中国・中国人・中国文学』勁草書房、一九七〇年）

泰淳は中国のスケールの大きさをあらわす例として、日本の『義経記』や『平家物語』とくらべた中国の『史記』や『三国志』、関ヶ原の合戦とくらべた赤壁の戦い、太閤秀吉の掌中にした領土とくらべた秦の始皇帝や漢の武帝の統一した領土をあげています。

このように、中国のスケールの大きさは日本人の間尺に合わないところがあります。他方で、なんでも大きければよいというものではありません。日本には日本人特有の精緻さや細やかな美的感覚があります。それを活かしていくのが日本のめざすべき道です。

2 足尾鉱毒問題に生涯をかけた田中正造

野に叫ぶ義人

足尾銅山鉱毒事件は、日本で最初の公害反対運動といわれます。公害とは企業活動によって引きおこされる環境破壊や環境汚染です。

栃木県西部にある足尾銅山は、古河財閥が経営していました。そこから排出された鉱毒により、渡良瀬川の流域が汚染されたのです。汚染農地は栃木県南部や群馬県南東部を中心に一都四県におよんでいます。

鉱毒とは、銅、亜鉛、鉛、ヒ素などをふくむ廃石や鉱泥です。渡良瀬川流域の農地の農作物を枯死させ、家畜と住民の健康障害をひきおこしました。

この足尾銅山による公害に生涯をかけて反対したのが田中正造です。栃木県出身の国会議員で、当選六回の古参でした。

公害反対運動を指導した田中正造は、「真の文明は山を荒らさず、川を荒らさず、村を破らず、人を殺さず」とのべています。狭義の平和は戦争をしないことですが、広義の平和には環境をまもることもふくまれます。

正造は一八九一年に被災地を現地視察し、国会で何度もこの鉱毒問題を追及しています。しかるに、政府は足尾銅山にたいして何らの汚染防止対策を命じることもなく、また被災農民の救済措置をこうじることもありませんでした。

一八九七年、被災農民たちは陳情のために徒歩で上京しました。その後も、農民たちの陳情は何度も計画されましたが、官憲によって阻止されています。

一九〇〇年二月一三日、被災農民たちは第四回目の請願行動に出かけます。ところが、利根川河畔の川俣で警官一八〇名、憲兵一〇名が待ちかまえていて、「土百姓、土百姓」とののしりながら襲いかかったのです。

農民たちは「乱暴をなさざること」を申しあわせ、無抵抗であったにもかかわらず、百余名が検挙されます。権力の側は、これを「兇徒《きょうと》聚衆《しゅうしゅう》事件」として起訴しました。

正造は一九〇一年一〇月に議員を辞職します。そしてその年の一二月一〇日、明治天皇の馬車にかけより、直訴を敢行したのです。

一九〇三年、政府は栃木県下都賀郡にあった谷中村を廃村にして、そこを大遊水地にして汚染水を流しこむ計画を発表します。渡良瀬川の汚染水が本流の利根川に流入しないようにするのが目的です。

この計画を知った正造は、「鉱毒問題を治水問題に塗り変える銅山党の奸策《かんさく》だ」と非難しています。

正造は谷中村に住みこんで反対運動をつづけますが、だんだんと追いこまれていきます。渡良瀬川流域の農民のなかからも、多年にわたる疲弊のはてに政府案に賛成する者も出てくるようになります。

政府は前年の一九〇二年の洪水で谷中村の堤防が決壊したのをそのままにしておき、借金しながら食いつないでいる農民を作付けできない状況に追いやります。

その一方で、一九〇二年に県議会は谷中村を買収する決議をしています。県による谷中村の田畑の買い値は、隣村のおよそ十分の一という安さです。

これでは谷中村の農民は土地を担保に借金することもままなりません。衣食の道をさまたげられ、金融の道を閉ざされた農民は逃げだすしか生きるすべがなくなります。

「人民が発狂するのも無理はない。殆ど狂人のようになって村を逃出す。逃げ出すについて、何程でも銭が欲しいと云う所へ、僅の銭を与へるに過ぎぬ」と、正造は困窮する農民の胸のうちをよくわかっていました（「臨終の田中正造」『近代日本思想体系一〇　木下尚江集』筑摩書房、一九七五年。初出は一九三三年）。

一九〇五年七月に荒畑寒村は谷中村の正造をたずね、夜っぴて鉱毒問題について聞き書きをしています。翌朝めざめると、となりの寝床に正造の姿がありません。

畑のほうから「この村泥棒め！」という大喝が聞こえてきます。そこには長い杖をふりかざしている正造の姿がありました。谷中村を買収するために測量にきた県庁の役人、測量器具をかついだ人夫、護衛する警察官からなる一群を追いまわしているのです。

さながら、旧約聖書に出てくる「野に叫ぶ義人」のようであったといいます（荒畑寒村「田中正造翁回想」『田中正造全集』第一巻「月報2」岩波書店、一九七七年七月）。

一九〇七年、政府は谷中村を強制買収して廃村にする措置を執行しました。国と県の権力により、谷中村はつぶされて足尾銅山の鉱毒沈殿池とされたのです。

正造は一九一三年に七三歳で亡くなります。全財産を反対運動につぎこみ、無一文になっていました。

死去にさいして、正造の手元にあったものは新約全書と日記帳とチリ紙だけでした。正造の苦難のたたかいは、城山三郎の小説『辛酸』や吉村公三郎監督の映画『襤褸《らんる》の旗』にえがかれています。

足尾銅山はその後も経営をつづけ、ようやく一九七三年になって閉山されました。閉山になっても山元には鉱毒がたまっているのですから、いまでも大雨がふると鉱毒はながれ出てきます。たとえば渡良瀬川下流の桐生市の水道局では、いつでも取水をストップできるよう監視しているそうです（菅井益郎著／柏崎・巻原発に反対する在京者の会編『不条理に抗して――反公害・反原発・反権力に生きる』世織書房、二〇一七年）。

正造とキリスト教

前出の勝海舟も、足尾鉱毒問題にたいする政府や企業の姿勢を批判的な目でみています。鉱毒事件と田中正造のことを次のように評しています。

鉱毒問題は、直ちに停止のほかない。今になってその処置法を講究するは姑息《こそく》だ。先ず正論によって撃ち破り、前政府の非を改め、しかして後にこそ、その処分法を議すべきである。しからざれば、いかに善き処分法を立つるとも、人心快然たることなし。いつまでも鬱積《うっせき》して破裂せざれば、民心遂に離散すべし。既に今日のごとくならば、たとえ鉱毒のためならずとも、少し水が這入《はい》っても、その毒のために不作となるように感ずるならん。そうしていかにして民心を安んぜんや。古河〔吉兵衛、古河鉱業社長〕も拾万円位の純益を吾が有にしてその他を散じ、終りを克《よ》くすれば続くが、さなくして永続する道理あろうや。先達って、大蔵〔省〕の目賀田〔種太郎、海舟の女婿〕が来た時に、あれはどうしましょうと言うから、今となってはどうなるものかと言った。しかし、田中〔正造〕は大丈夫《だいじょうぶ》の男で、アレは善い奴じゃと言うだけは言って置いた。

（一八九七年三月二七日の談話。巌本善治編／勝部真長校注『新訂海舟座談』岩波書店、一九八三年）

後述する内村鑑三も『万朝報』の記者として、足尾鉱毒の被害農家を取材しました。その記事に、次のように書いています。

足尾鉱毒事件こそ最も悲惨かつ耐え難い災害である。農民の額に「絶望」の二字が印せられているのを見た。

一九〇二年には鑑三は学生による鉱毒視察団を組織しています。国立、私立の大学や高校、および宗教系の学校から多くの学生が参加しました。

衆議院議員の職をうしない、家破れ、襤褸《らんる》をまといながらも初志をつらぬいた正造の原点はどこにあったのでしょうか。

正造は生涯に三度、投獄されています。

一回めは幕末のころ、二十歳代で名主をしていたときです。領主の六角越前守の悪政に抗議して捕えられています。

牢獄は広さわずか三尺立方の空間です。身体すべてをのばすこともままなりません。床に穴をうがって大小便するというありさまでした。

二回めは明治になって奥羽の花輪支庁に勤めていたときです。同僚殺害の嫌疑をかけられ、四年にわたって下獄しています。

凍死する囚人も出るほどの極寒のなか、差し入れもなく、死者の衣類をわけてもらうなどしてなんとか生きのびました。結局は無罪放免されます。

三回めは前出の「兇徒聚衆事件」の公判にさいし、傍聴席の正造が検事の論告中に大声でアクビをした一件によるものです（アクビ事件）。検事はただちに論告を中断し、官吏侮辱罪で正造を告訴しました。

その結果、正造は四十日間、巣鴨監獄に収監されます。この三回めの牢獄生活において、新約全書を耽読《たんどく》し、キリスト教に親しむようになります。

林竹二の研究によると、その橋渡しをしたのが新井奥邃《おうすい》です。新井は旧仙台藩士ですが、森有礼についてアメリカにわたります。そこで特異なキリスト者、T・L・ハリスの運営するコミュニティで三十年間研鑽をつんでのち、帰国しました。

新井は正造の天皇直訴事件ののちに『日本人』誌に寄稿し、正造の精神と行動を支持する意見を発表しました。それとともに、憲法を踏みにじって恥じない当時の政府を批判しています。

正造の晩年の日記には、「孔子は俗事に熱誠なり。釈迦は脱俗、虚空。キリストは真理実践。予はキリストをつとむ」としるされていました（林竹二『田中正造——その生と戦いの「根本義」』田畑書店、一九七四年）。


二〇二二年一二月に「渡良瀬川研究会」（会長・菅井益郎）が群馬県館林市で幕を閉じました。一九七三年から約五十年にわたり、足尾鉱毒事件のフィールド調査や広報活動をしてきた有志のつどいです（『日本経済新聞』二〇二三年一月一四日）。

栃木県佐野市の「田中正造大学」もすでに活動を終えています。いずれもメンバーの高齢化と担い手不足によるものとはいえ、公害反対運動の歴史をひきつぐうえで惜しいことです。

3　幸徳秋水の平民主義・社会主義・平和主義

姓は幸徳、名は伝次郎

田中正造が天皇への直訴を敢行したことはすでにのべましたが、その直訴状を漢文調の名文で筆にしたのは幸徳秋水です。

社会主義者や無政府主義者が最高権力者の天皇に訴え出ること自体、その主義に反する行為といえます。

しかしながら、正造は富も地位も名誉もすべて投げうって鉱毒事件に抗議しています。その正造から直訴前日の夜ふけにたたきおこされ、苦衷をうち明けられて、秋水が断われるわけがありません。

　直訴状など誰だって厭だ。けれど君、多年の苦闘に疲れ果てた、あの老体を見ては、厭だと振り切ることができるか。

〝姓は幸徳、名は伝次郎〟。幸徳秋水がたんなる主義者ではなく、弱きに味方する情義にあつい人であったことがわかります。

秋水は高知県中村の出身です。上京して、二一歳のときに『万朝報』の記者となりました。『万朝報』は黒岩涙香の創刊した日刊紙です。この新聞はスキャンダル記事を売りものにする一方、文芸や政治問題もあつかっています。

一九〇〇年、義和団の乱を鎮圧するため、八ヵ国連合軍が天津や北京を占領しました。そのさい、日本の歩兵第九旅団が清国の馬蹄銀を横領したのではないかといわれています。その疑惑を『万朝報』紙面で追及したのが秋水です。

一九〇一年五月に社会民主党が創立されました。創立発起人には幸徳秋水のほかに、安部磯雄、河上清、木下尚江、片山潜、西川光二郎が名をつらねています。

そのめざすところは、人類平等、軍備全廃、土地・資本の公有などの「理想綱領」八ヵ条と、貴族院廃止、普通選挙実施などの「行動綱領」二八ヵ条としてしめされました。

また、同じ年に秋水は『廿世紀之怪物帝国主義』を発表しました。これは、世界に先がけた帝国主義批判です。

ヒルファーディングの『金融資本論』(一九一〇年)やローザ・ルクセンブルクの『資本蓄積論』(一九一三年)やレーニンの『帝国主義論』(一九一七年)よりも早い。

大逆事件

一九一〇年、「天皇暗殺計画」を画策したかどで、秋水ら社会主義者・無政府主義者二六名が検挙されました。そのうち、一二名が死刑にされています。世に知られた大逆事件です。

天皇の爆殺を「謀議」したといわれるのは宮下太吉や菅野スガら四名で、あとはまったくの濡《ぬ》れ衣《ぎぬ》でした。その嫌疑のもとになった四名の「謀議」も、たんにあつまって雑談したくらいのことでしかありません。

一九一〇年六月一日、秋水は逮捕されます。それからわずか七ヵ月あまり後に死刑に処せられます。

秋水はその獄中で『基督《キリスト》抹殺論』を書いています。これはキリスト教批判になぞらえて天皇制を批判したものです。

古代の各国各種の信仰や神話は、人間の自然な心の性質と社会の発達がたがいに作用して生み出されたものであるから、「キリスト教を一方的に訝《いぶか》しむのは無用である」としています。

なにしろ人は皆な時代の児なのだ。どんなに大聖人、大賢者であっても、その時代の道徳や知識を超えて抜け出すことはできない。至聖と呼ばれた孔子でさえ、妾を囲って一向に恥じることがなかった。

（佐藤雅彦訳『現代語訳　幸徳秋水の基督抹殺論』鹿砦社、二〇一二年、以下同じ）。

秋水の論じるキリストが天皇を意味していることをうかがわせる個所はいくつもあります。

基督は歴史上実在した大聖大賢であり、孔子や釈迦を凌駕する存在であり、人類の身代わりになって罪を贖《あがな》った存在であり、現代世界がいま高度な文明を享受しているのもまさに基督のお陰なのである、と。まったくこの厚顔無恥には呆れるほかない。なるほど、二十世紀の世に生活していながら、心だけは数百年前の昔に置き去りにしてきたような者もいるし、野ぎつねを崇拝する者もいる。大蛇に祈る者もいるし、あるいは天輪王の尊《みこと》とかいうものを信仰する者もいる。これ以外にも、道理に背をむけてすじが通らぬ信仰を崇拝する者は、はなはだ多い。

秋水は「序」のところで、この本が「最後の文章にして生前の遺稿」であるとくりかえしいっています。獄囚の身で命をけずって書いた天皇制批判でした。

非戦の碑

コロナ禍の二〇二一年一一月、幸徳秋水の生誕百五十年を記念して、「非戦の碑」の除幕式が四万十市正福寺でおこなわれました（幸徳秋水を顕彰する会発行『秋水通信』第三一号、二〇二一年一二月一五日。これらの資料は、畏敬する先輩、大岩川嫩に多くを負う）。

この碑には、戦争を非難する次の八行の文言がきざまれています。

吾人は飽まで戦争を非認す
之を道徳に見て恐る可きの罪悪也
之を政治に見て恐る可きの害毒也
之を経済に見て恐る可きの損失也
社会の正義は之が為めに破壊され
萬民の利福は之が為めに蹂躙せらる
吾人は飽まで戦争を非認し
之が防止を絶叫せざる可らず

これは、平民社の発行する『平民新聞』(第一〇号、一九〇四年一月一七日)に掲載された秋水の論説のなかから採られたものです。

秋水はこの論説のなかで、日本とロシアとの戦争に反対する理由をあらまし次のようにのべています。

ロシアが侵略している満洲は他人の領土である。日本が取った台湾ははたして他人の領土ではないといえるか。ロシア人は略奪、虐殺をおこなっているが、日本人はこれをおこなっていないといえるか。ロシアのみが横暴であって、日本のみが仁義だといえようか。両国の貴族や軍人に戦うべき理由があるのならば、かれらが戦えばよい。ロシアの平民と日本の平民にはまったく戦うべき理由がない。国民の多数は平民である。お互いにいつくしみ、助けあわねばならない。握手し、連盟し、団結すべきである。

ロシアの平民も日本の平民も同じ人類であって、同胞である。平和のために戦争するといわれて納得する者がいるだろうか。

禁酒するために暴飲するといえば、みな笑うであろう。平和のために戦争するといわれ

そいつが武力を用いるから、こちらも武力を用いる。そいつが殺人をするから、こちらも殺人をする。そいつが盗みをするから、こちらも盗みをする。それで君子の国といえるか。仁義の師といえようか。

秋水のこの論説が発表されたのは、百二十年も前のことです。しかし、その趣旨は、分断と敵対をつよめつつある現在の世界にも十分に通用します。

「平和のために戦争する」は、いまでも戦争をおこす者がつかう常套句《じょうとうく》です。こと戦争の廃絶にかんしては、人類のかんがえかたは当時からほとんど進歩していないのではないでしょうか。

いまの日本政府は武力には武力で対抗すべく、防衛費の増額を決め、武器の購入に力を入れています。武力には武力で向きあうのではなく、もっとひろい視野と大局観をもって外交力を

はたらかすことはできないのでしょうか。

もともと幸徳秋水と堺枯川は、黒岩涙香の経営する『万朝報』で記者として健筆をふるっていました。ところが、涙香がロシアとの戦争を支持する立場に転じてしまいます。

そのため、秋水と枯川は涙香と袂《たもと》を分かち、『万朝報』を去ることになりました。このとき、同じく『万朝報』の記者であった内村鑑三も行動を共にしています。

こうして秋水と枯川が新たにつくったのが平民社です。

平民社の設立宣言では、最初に自由、平等、博愛が人類にとっての三大要義であるとうたっています。そのうえで、自由のための平民主義、平等のための社会主義、博愛のための平和主義の三つをかかげています。

「平民主義」（英訳では“democracy”）とは、門閥の高下、財産の多寡、男女の差別にもとづく階級を打破し、一切の圧制や束縛をなくすことをめざすものです。

「社会主義」とは、生産、分配、交通の機関を社会の共有とし、その経営と処理を社会全体のためにおこなうものです。

「平和主義」とは、人種の差異や政体のちがいを超えて、世界の軍備を撤去し、戦争を禁止し、廃絶することをめざすものです。

この設立宣言は最後に、自由、平等、博愛を実現する手段として、「暴力に訴えて一時の快を得るようなことは絶対に非認する」と、非暴力の立場を明確にしています。

『平民新聞』は札幌独立キリスト教会ともつながりがありました。

一九〇二年に札幌独立キリスト教会の牧師となった宮川巳作は、『平民新聞』に寄稿しています。日露戦争の起こる前年の一九〇三年一二月二七日発行の第七号です。

「真の愛国」と題するこの小論において、日本国は最も愛すべきものの一つであるにはちがいないけれども、「正義、人道真理」を無視し、それを蹂躙《じゅうりん》してまでもこの国を愛さなければならぬというわけではないと、宮川は論じています。戦争は正義、人道、真理の敵であり、「我等は如何なる場合にても極力戦争に反対し、之を排斥する事に務めなければならぬ」と、ロシアとの戦争に反対したのです（『新札幌市史』第三巻）。

4　内村鑑三の非戦論

日露戦争に反対

幸徳秋水に次いであげたいのは、無教会主義の宗教家、内村鑑三です。彼は群馬県の出身で、上毛カルタにも「心の燈台、内村鑑三」という札があります。

鑑三は一八九一年、三十歳のときに旧制一高（東大教養学部の前身）の教育勅語奉読式において「不敬事件」をおこします。教育勅語にある天皇の署名に敬礼をしなかったことが非難のまとになりました。

現在の地平からみれば何でもないことのように思われますが、当時は学校を揺るがすような大きな問題となりました。そのため、彼は嘱託教員の職を辞さざるをえませんでした。

この不敬事件からわずか三ヵ月後、鑑三の妻、かずが病死します。鑑三は最初の結婚には失敗しましたが、再婚相手のかずには全幅の信頼をよせていました。

脅迫まがいの来客への応対、夫の失職による生活苦、さらには感冒で寝こんだ夫の看病などがかさなって、かずは憔悴《しょうすい》していったようです。妻を死なせたことで、鑑三は長いあいだ自責の念にさいなまれることになります（鈴木範久『内村鑑三の人と思想』岩波書店、二〇一二年）。

初版が一八九三年に刊行された鑑三の著『キリスト信徒のなぐさめ』（岩波文庫、一九三九年所収）は、愛する者の死、世人からの非難、キリスト教会からの離脱、事業の失敗、貧窮の生活、不治の病というみずからの艱難に向きあった魂の書です。この本の見返しには、「余のためにその生命を捨《すて》し余の先愛内村加寿子に謹《つつし》んでこの著を献ず」とあります。

ところで、鑑三はなかなかに意志がつよく、潔癖な性格の人でもあったようです。

最初の結婚では、わずか半年で妊娠中の妻と別れています。二人のあいだに何があったのかはわかりませんが、鑑三は最初の妻のことをただ「淫乱」とだけいったそうです。高邁《こうまい》にして一徹な鑑三のことですからどうしても許せないことがあったのかもしれませんが、お腹に子を宿しながら離縁された女性はどんなにか困りはてたことでしょう。『内村鑑三所感集』（岩波文庫）を読むと、次のような一節も出てきます。私のような俗人にはとうていまねできそうにありませんが……。

酒精、煙草、茶、珈琲、胡椒、芥子、これみな害の伴う刺激物なり、吾人は薬品としての外は一切これを用ゆべからざるなり。（一九〇一年）

内村鑑三は非戦論をとなえ、日露戦争にも反対しています。また、自国の利益だけをもとめることを戒め、人種差別にもきびしい批判の目をむけました。

全世界の救われんことを祈るべし、ことさらにわが国の救われんことを祈るべからず。（一九〇六年）

われは日本人であってかれは外国人であるといいてかれを差別する者は、われはヨーロッパ人であってかれはアジア人であるといわれてかれの排斥するところとなる。

百年以上も前のこれらの言は、いまの日本人にもそのまま当てはまります。わたしたちはこの百年の間にいったい何をまなんできたというのでしょうか。

（一九一三年）

札幌農学校同期の新渡戸稲造

鑑三は札幌農学校（北海道大学の前身）の二期生です。同期には新渡戸稲造がいました。新渡戸は札幌農学校を卒業してのち、アメリカやドイツへの留学をへて、日本の植民地であった台湾で糖業育成事業にたずさわっています。

その後、新渡戸は京大教授、旧制一高校長を歴任し、国際連盟事務局次長もつとめました。新渡戸が旧制一高の校長をしていたころ、彼の主宰する読書会に入って薫陶をうけたのが矢内原忠雄です。さらに矢内原は内村鑑三の聖書研究会にも参加し、無教会主義のクリスチャンとなっています。

東大教授となった矢内原忠雄は一九二九年に『帝国主義下の台湾』をあらわしました。この本は、一九二〇年代の世界の民族運動と植民政策についての認識のうえに、古典経済学、マルクス主義、キリスト教という「世界思想」の地平から台湾を分析したものです。その基礎には、矢内原が新渡戸稲造と内村鑑三からうけついだ学問と信仰があります（春山春哲「日本における台湾史研究の一〇〇年─伊能嘉矩から日本台湾学会まで─」『アジア経済』二〇一九年一二月号)。

内村鑑三、新渡戸稲造たち二期生は一期生の大島正健たちとともに、一八八二年に札幌独立キリスト教会を創設しています。大島はその初代牧師となりました。

この教会の設立は、札幌農学校で教鞭をとったW・S・クラークの感化によるところ大でした。アメリカから招へいされたクラークの在任はわずか八ヵ月でしたが、鑑三たち教え子の生きかたに深遠な影響をおよぼしています。

5 石橋湛山の「小日本主義」

植民地を放棄せよ

戦前から戦後へと反戦非戦の系譜をつなぐ要の位置にいるのは、石橋湛山です。札幌独立教会の初代牧師となった前出の大島正健とふかい縁がありました。

湛山は東洋経済新報社の社長にして主筆でもあります。戦時中も一貫して非戦論をとなえ、植民地を放棄せよという「小日本主義」をかかげた人です。

『東洋経済新報』一九二一年七月二三日の社説では、次のようにきっぱりとのべています。

朝鮮、台湾、満洲を棄てる、支那から手をひく、樺太もシベリアもいらない。

そのころの日本はすでに拡張主義的な政策をとってきており、台湾を植民地化し、韓国を併合し、満洲にも触手をのばしていました。

第I章でのべたように、日本は一九一五年には対華二十一ヵ条要求によって、山東権益の譲渡、南満洲権益の延長などを認めさせています。一九一九年五月四日には、パリ講和会議で日本の山東権益が承認されるとの報に抗議して、学生らを中心に反日愛国の五・四運動もおこっています。

このような時代にあって、湛山のとなえた「小日本主義」は島国の日本にとじこもれという狭小なものではありません。

中国語では「小日本」は日本人を侮辱することばとしてつかわれますが、湛山の「小日本主義」は大きな度量をそなえた主張です。対等な経済交流をつうじて互いに豊かになろうという誇りたかい理念です。

当時から日本が湛山のこの理念を実践していたならば、日本は戦後の長きにわたって、アジアの人々から恨まれることもなかったでしょう。

軍部の力がますます強くなった一九三〇年代、四〇年代にあっても、湛山の信念はゆるぎませんでした。

中国全国民を敵に回し、引いては世界列強を敵に回し、何の利益があるか。

出版社の経営の苦しいなかで社屋を移転させたりしながら、言論統制のきびしい時代に日本政府の拡張主義に反対しつづけたのですから、湛山という人の気概と先見の明にはおどろかされます。

湛山の精神的支柱

湛山は一一歳から一八歳にかけて、山梨県立甲府中学校に在籍していました。在籍期間が長いのは二回も留年しているからです。

ですが、湛山は留年したおかげで、札幌独立教会の牧師を十年つとめてから赴任してきた大島正健校長に出会えたのです。人生、何が幸いするかわかりません。

不名誉なことだが、自分は甲府中学を二度落第した。しかし、そのため大島校長の教えを受け、クラーク先生の精神を知ることができ、それまでとは違った覚悟と方針をもって中学を卒業し、長い道中を歩んできた。

（『湛山回想』岩波文庫）

大島の伝えたクラークの教えとは、次の二つの言に集約されます。学校教育につきまといがちの「べからず主義」ではありません。

① Be a gentleman!（紳士たれ）
② Boys be ambitious!（少年よ大志をいだけ）

湛山は旧制一高の受験に二度失敗したあと、早稲田大学に進学しています。湛山はその後の人生においても、大きな構想力をもって忍耐強く仕事にとりくみました。

たとえ留年したり、受験に失敗したりしてもこれだけのことを成しとげられるのですから、いくたびもの挫折をしてもなんら恐るるに足らずと思えてきます。

湛山には二本の精神的支柱がありました。

一つは仏教で、実父と養父が日蓮宗の僧侶です。

日蓮のことをいとわしく思う人もいるかもしれませんが、内村鑑三はその著書『代表的日本人』の五人のなかに日蓮上人を入れています。日蓮のほかは、西郷隆盛、上杉鷹山、二宮尊徳、中江藤樹の四人です。いずれも歴史に名をのこした傑物ばかりです。

内村鑑三が日蓮について評価しているのは、「世をあげての誹謗の的とされながらも、地上の権力を恐れず」という点です。「闘争好きを除いた日蓮、これが私どもの理想とする宗教者であります」とものべています。

湛山のもう一つの柱は、聖書です。これは大島校長の薫陶に多くを負っています。『湛山回想』に収められた長幸男の「解説」によると、湛山の自宅玄関の壁には、湛山の筆になるマタイ福音書の次の聖句がかかげてあったそうです。

野の百合花は如何にして育つかを思え労《つと》めず紡《つむ》がざるなり

戦後になって、湛山の思想を実践に移す時代がやってきます。ただし、戦後の湛山が順風満帆だったわけではありません。

一九四七年五月〜五一年六月の四年間、ＧＨＱによる公職追放の憂き目にあっています。その裏には、親英米派の吉田茂と自主独立派の湛山との確執がありました。

一九五六年、湛山は七二歳でようやく首相になり、中国やソ連との関係改善に取り組みはじめました。

ところが、就任してほどなく、全国遊説を終えて帰京した直後に病にたおれます。わずか六五日で、首相の職を辞さざるをえませんでした。

札幌出身のノンフィクション作家、保坂正康は、首相としての湛山を「最短の在任、最大の業績」と評しています（『石橋湛山の六五日』東洋経済新報社、二〇二一年）。
首相を退任してのち、病がいえると、湛山はふたたび外交活動をはじめました。一九五九年九月に訪中し、周恩来と会談しています。

「東洋の平和と世界平和の促進」、「経済、政治、文化の交流」、「日本、中国それぞれの既往の対外関係の尊重」という石橋三原則について周も賛同し、共同声明が発表されました。十数年後に達成される日中国交回復の地ならしとなるものでした。

戦前から戦後へ反戦非戦をつないだ人たち

戦前から戦後につらなる反戦非戦の系譜を担った人物として、斎藤隆夫の名も落とすことはできません。

斎藤は兵庫県出石《いずし》出身の衆議院議員です。弁護士の資格をもち、アメリカのイェール大学に留学し、政界入りしました。

一九四〇年二月二日、斎藤は帝国議会で質問演説をおこなっています。「聖戦」という美名をかかげて、満洲事変、盧溝橋事件へと侵略戦争を拡大していく政府と軍にたいし、その無策と無道義をきびしく糾弾しました。

演説の最後をこうむすんでいます。

わが言はすなわちこれ万人の声、褒貶《ほうへん》毀誉《きよ》は世評にまかす、請う百年の青史の上にみることを、正邪曲直おのずから分明

議場は騒然とし、斎藤の声はやじと怒号につつまれます。この反軍演説にたいする懲罰として、帝国議会は斎藤の議員除名を賛成多数で可決したのです。

斎藤はこれより前の一九三六年の二・二六事件後にも粛軍演説をおこなって陸軍を批判し、議員を除名されています。

二度にわたって議員資格をはく奪されながら、斎藤は二度とも帝国議会にもどってきています。翼賛選挙の体制下でも、兵庫県民が斎藤を当選させたからです。

終戦時にも斎藤は国会議員の職にありました。戦後の吉田茂内閣と片山潜内閣に国務大臣として入閣しています。

みなさんは、サトーハチロー作詞、古関裕而作曲の「長崎の鐘」という曲を聞かれたことがあるでしょうか。

往年の名歌手、藤山一郎がうたっています。

一九四五年八月九日、長崎に原爆が落とされます。当時、永井隆は長崎医科大学（現、長崎大学医学部）放射線科の医師でした。

キリスト教の信仰をつうじてむすばれた永井の妻、緑は原爆で亡くなります。永井みずからも白血病に苦しみながら、被爆患者の救護活動にあたりました。

永井は寝たきりになってからも、平和を願う執筆活動を精力的につづけます。しかし、ついには幼子二人をのこして世を去らねばなりませんでした。

その哀しくやるせない物語は、大庭秀雄監督の『長崎の鐘』（一九五〇年）や木下恵介監督の『この子を残して』（一九八三年）という映画にもなっています。

永井によると、平和をまもるにはそれなりの覚悟がなくてはなりません。


文化を低くする者や、平和を脅かす者から、この国際文化都市を守るために、乱暴者から踏みつぶされても悔いないだけの覚悟がなければ、うかつに平和塔一本もたてられぬ。

（永井隆『平和塔』アルバ文庫、二〇〇一年）


永井は戦時中、軍医として中国戦線に出征したり、銃後の婦人を指導したりして、かならずしも反戦非戦の人ではありませんでした。その永井が二人の子に、「たとい卑怯者とさげすまれ、裏切り者とたたかれても戦争絶対反対の叫びを守っておくれ」と託すようになった背景には、キリスト教との出会いと原爆による惨状を目のあたりにした体験があります。

6　戦後の平和運動の担い手たち

平和問題談話会の声明

戦後の反戦非戦の旗手として最初にあげたいのは、平和問題談話会につどった学者・文化人五十数名です。

のちに文部大臣や学習院院長になる安倍能成や、『古寺巡礼』『風土』をあらわした和辻哲郎も加わっています。二人とも夏目漱石門下です。

ほかにも、当時の立命館大学学長の任にあった民法学の末川博がいます。末川は一九三三年の滝川事件で、政府に抗議して京大教授の職をみずから辞した人です。

さらには、マルクス経済学の大内兵衛、政治学の蠟山政道、社会学の清水幾太郎、本書でとりあげた矢内原忠雄や桑原武夫、若き日の鶴見和子、丸山真男、南博、久野収らも参加しています。

『世界』一九五〇年三月号にのった平和問題談話会の声明は、次の四点の実現をよびかけていました。

第二次大戦後の講和条約のむすびかたについて提言したものです。

①「全面講和」（資本主義圏と共産主義圏とを問わず、関係するすべての国々と講和条約をむすぶ）
②経済的自立
③中立不可侵と国連への加盟
④外国の軍事基地を置くことに反対

これら四つの提言が戦後まもない時期になされたことは、重い意味をもっています。戦争の愚かさと理不尽さを身をもって体験した世代が、二度と戦争をおこさせてはならないという覚悟をしめしているからです。

四つ目の「外国の軍事基地を置くことに反対」というのは、いまの日本では空念仏《から》のようになってしまいました。しかし、これはしごく当たり前のことです。アメリカのおこなう戦争にまきこまれないよう、またそれに加担しないようにするためです。

一九五〇年のころ、日本の世論は講和条約の締結をめぐって二分されていました。資本主義圏の国々だけと講和条約をむすぶべきだという「単独講和」派と、資本主義圏ばかりではなく社会主義圏の国々とも講和条約をむすぶべきだという「全面講和」派とにわかれていました。

当時の首相、吉田茂は親英米派で、「単独講和」の立場でした。

一九五〇年三月、東大の卒業式で南原繁総長は、「単独講和説くらい、短見にして速断的なものはあるまい」と訓示をしました。この訓示にたいして、吉田首相は怒りをあらわにし、南原を「曲学阿世の徒」だと非難しています。

南原総長は、官僚になることも多い東大の卒業生に向かって、「ただ酒は飲むな」と訓示したこともありました。権力に屈しないという気骨が一本、通っています。

南原は旧制一高時代に、校長の新渡戸稲造の薫陶をうけています。新渡戸に感化された南原は、大学時代に内村鑑三に師事し、その後、無教会主義のクリスチャンとなっています。矢内原忠雄と同様です。

べ平連の反戦運動

戦後の反戦非戦の系譜の二番手として挙げたいのは、べ平連（ベトナムに平和を！市民連合）につどった人たちです。べ平連は一九六五年に結成され、ベトナム戦争の終わった一九七四年に解散しています。

『ニューヨーク・タイムズ』（一九六五年一一月一六日）や『ワシントン・ポスト』（一九六七年四月三日）というアメリカの二大紙に、反戦を訴える全面広告を出したこともありました（図1参照）。

殺すな
STOP THE KILLING! STOP THE VIETNAM WAR!

べ平連は日本国内にとじこもることなく、アメリカの人々に向けてベトナム戦争をやめようと呼びかけています。

自国が戦争をしたり、戦争に加担したりすることに反対するばかりでなく、外国が戦争をすることにも敢然と抗議したのです。

アメリカに遠慮してものの言えない昨今の日本の政治家とはひとあじ違っています。真の友邦たらんとするならば、いくら相手が強大であろうとも、間違いは間違いだと伝えるべきではないでしょうか。

図1　べ平連の反戦広告

この反戦広告の発起人には、代表の小田実のほかに、淡谷のり子、岡本太郎、松本清張、鶴見俊輔など芸能人、芸術家、作家、学者など多彩な顔ぶれ一三人が名をつらねています。

べ平連はベトナム戦争に反対する運動の

一環として、アメリカ軍からの脱走兵をスウェーデンなど北欧諸国にのがす活動をしていました。ＪＡＴＥＣ（反戦脱走米兵援助日本技術委員会）といいます。

個人的なツテをつうじて脱走兵を民家にかくまい、非合法に密出国させるのですから、権力の監視の目をくぐりぬけなければなりません。自宅に脱走兵をうけいれた人や脱走を手伝った人は、公安警察に逮捕される危険性もあります。

べ平連のリーダーの一人であった小田実は、次のようにのべています。

第三世界との連帯というけれど第三世界では不可能なわけだ。僕ら行っても住めない。日本では今庶民の家に外国人だっておるわけで、脱走兵はそのはしりだ。久野さんがおっしゃったように少し豊かになってきていたからね。このことはだいじです。空想空論でないことを同じ市民、庶民レベルでやったことがだいじなことです。

（関谷滋・坂元良江『となりに脱走兵がいた時代――ジャテック、ある市民運動の記録』思想の科学社、一九九八年）

学生なら学生としてできること、市民なら市民としてできることをやればよいのです。

被害者の側に立った宇沢弘文

戦後の反戦非戦の系譜における三番目の人物は、経済学者の宇沢弘文です。自然環境、インフラストラクチャー、教育や社会保障などの「社会的共通資本」の形成と充実を重視した独特の理論で知られています。

宇沢は異端の経済学者として、新古典派経済学のとなえる弱肉強食の市場至上主義ときびしく対峙《たいじ》してきました。

シカゴ大学の教授時代にはベトナム戦争反対の行動をしています。東大教授として帰国してのちも、水俣病患者の支援をしたり、成田空港反対闘争の調停では反対同盟側の仲裁役をひきうけたりもしました。

「いつも被害者の側に立つ」ことを心がけていた人です。

宇沢は、「石橋湛山にひじょうに惹かれる」と吐露《とろ》したこともあります。

湛山は自身を評して「有髪《うはつ》の僧」といっていますが、宇沢もお寺と縁がありました。

戦時疎開をした一七歳のころ、鳥取県日野郡の下石見《しもいわみ》にある曹洞宗のお寺、永福寺で修養しています。

父母の郷里の縁です。修行で托鉢《たくはつ》をして家々をまわったこともありました。

宇沢家はもともと鳥取県西伯《さいはく》郡の法勝寺《ほっしょうじ》で米屋をしていましたが、近在の中心地の米子《よなご》に移ります。そこに父がむこ入りし、次男として生まれたのが弘文でした。

私ごとで恐縮ですが、私は鳥取県西伯郡の農村の出身です。また、母の実家は隣接する日野郡の上石見《かみいわみ》にありました。ですから、この辺りの土地勘はあります。日野川流域に沿った狭隘《きょうあい》な山深い地域です。

三年後、宇沢一家は米子を離れ、上京します。

その後、宇沢は東京で府立一中、旧制一高、東大と進み、アメリカにわたって学究生活を送ることになります。

それでも、アメリカに行く前まで、宇沢は長い休みのたびに永福寺を訪ねています。彼はそのころにいだいた思いをずっと大切にしていたそうです（佐々木実『資本主義と闘った男――宇沢弘文と経済学の世界』講談社、二〇一九年）。

宇沢は体制としての資本主義と社会主義の比較に関心をもちつづけていました。一九九一年にヨハネ・パウロ二世の提起した「社会主義の弊害と資本主義の幻想」という問題に応えて、論文を寄せたこともあります。

改革開放初期の中国から宇沢は招へいされ、中国経済についての政策提言をしています。

宇沢は農村を視察した報告書のなかで、資本主義の農村搾取には市場という制限があるが、社会主義の農村搾取には限界がないと論じて、中国共産党の幹部の怒りを買ったことがありました。

その会議の末席にいた趙紫陽が、「宇沢教授のいうことには一理ある」と発言してくれたおかげで、査問会議にかけられずにすんだそうです。

趙紫陽はのちに首相や党総書記にもなります。一九八九年の天安門事件のときには、軍による武力鎮圧に反対しました。天安門事件後は幽閉されたまま、失意のうちに亡くなりました。

中国が世界をリードする国になるには、趙紫陽のような開明的な指導者を再評価するくらいの胆力と見識をもたねばなりません。

7　アフガニスタンで井戸ほりをした中村哲

治療より水と食糧を

戦後の反戦非戦の系譜として最後にあげたいのは、医師の中村哲です。

中村が代表をつとめるNGOのペシャワール会は、現地の事業体PMS（ピース・ジャパン・メディカル・サービス）をつうじて、アフガニスタンで医療活動と井戸ほりや用水路づくりをおこなってきました。

中村哲は一九八四年に日本キリスト教海外医療協力会からパキスタンのペシャワール・ミッ

ション病院に派遣されます。ハンセン病の治療にあたるのが主な目的でした。

ところが、ソ連軍のアフガン侵攻による戦乱からのがれるため、多くのアフガン難民が押しよせてきたため、彼らの診療もすることになります。

一九八九年にソ連軍が撤退すると、難民たちはアフガニスタンに帰国しはじめます。難民たちの帰国にあわせて、PMSも活動拠点をアフガニスタンに拡大していきました。

事業の転機は、アフガニスタンをおそった二〇〇〇年夏の干ばつです。千二百万人が被災し、四百万人が飢餓のふちにありました。

さらに二〇〇一年からアメリカなど多国籍軍によるアフガン攻撃がはじまります。

中村は医師として診療をかさねていくうち、病気をなおすには、水を確保して農地を増やし、食糧を生産することのほうが先だと認識するようになります。そこで、二〇〇〇年から井戸ほりを、また二〇〇三年から用水路づくりに着手したのです。

「百の診療所より一本の用水路を」。当時アフガニスタンでは、乾燥につよく、現金収入にもなるということから、アヘンやヘロインの原料となるケシの栽培がひろがっていました。水を確保できれば、それをおさえることもできます。

中村たちは、二〇〇三年までに井戸千本、地下水路三八本を修復し、二十数万人の離村をくいとめています。

中村がアフガニスタンでの井戸ほりに精を出していたころのことです。

二〇〇一年六月、八歳の次男が脳腫瘍と診断されます。重篤な病状を知って悲嘆にくれる中村を、その子は「人間は、いっぺんは死ぬから」といって、逆になぐさめてくれたそうです。

二〇〇二年の暮れ、次男は十歳を前に天にめされました。

翌朝、次男が生まれたころに根づいた肉桂の木が庭に立っているのをみながら、中村はさらに事業に打ちこむことをちかったそうです（中村哲・澤地久枝『人は愛するに足り、真心は信ずるに足る――アフガンとの約束』岩波書店、二〇一〇年）。


バカたれが。親より先に逝く不幸者があるか。見とれ、おまえの弔いはわしが命がけでやる。あの世で待っとれ。


親より先に子どもがみまかる逆縁は、親にとってこれほどつらく悲しいことはありません。中村の心中は如何《いか》ばかりであったでしょうか。

私の若い友人も、二年あまり前に高校生の息子さんを亡くしています。

その日は昼前までふだんとかわらず元気だったのに、にわかに腹痛でくるしみはじめ、病院での手術のかいなく、十時間ほどで急逝しました。

あまりにも突然のことで、若い友人は事態がのみこめず、茫然《ぼうぜん》自失《じしつ》の日々がつづきました。

彼は息子さんが健在だったころ、東京から札幌まで私を訪ねてきてくれたことがあります。大学ちかくのカフェ・レストラン〝サン&ムーン〟で一献《いっこん》かたむけながら、その子のことを妹思いのやさしい兄だと話していました。

息子さんが逝《い》って数ヵ月後、ちいさなヤモリが家にまよいこんで住みつくようになりました。彼の家族はそのヤモリに息子さんの名をつけてかわいがっているとのことです。

このような話をきくと、私はよく中桐雅夫の詩、「きのうはあすに」を思いおこします（『会社の人事　詩集』晶文社、一九七九年）。

新年は、死んだ人をしのぶためにある。
心の優しいものが先に死ぬのはなぜか、
おのれだけが生き残っているのはなぜかと問うためだ。
でなければ、どうして朝から酒を飲んでいられる？
人をしのんでいると、独り言が独り言でなくなる。
きょうはきのうに、きのうはあすになる。
どんな小さなものでも、眼の前のものを愛したくなる。
でなければ、どうしてこの一年を生きていける？

私にも、幼いころに同じ屋根の下で暮らし、年のはなれた妹のように思っていたいとこが自死したつらい体験があります。どうしてじっくり話を聞く場をもうけなかったのかといつまでも悔いがのこります。

漢文では佳人薄命というが、善人薄命ともいう。心やさしい者が先に逝くというのは半ば当たっているかもしれません。天はときに無情なことをするものです。

薄幸の詩人といわれる室生犀星は、次のように語っています。

先きに死んで行った人はみな人がらが善すぎる。北原白秋、山村暮鳥、釈迢空、高村光太郎、堀辰雄、立原道造、……そしてわが萩原朔太郎とかぞえ来てみても、どの人も人がらが好く、正直なれいろうとした生涯をおくっていた。

（室生犀星『我が愛する詩人の伝記』講談社文芸文庫、二〇一六年）

米軍のあたえた自由とは

その後も中村たちの用水路づくりはつづけられました。いまでは、一万六千五百ヘクタールの農地を復活させ、六五万人の生活を保障するまでになっています。

中村哲は二〇一九年になにものかの銃撃によって殺害されました。アフガン紛争がおこっていなければ、彼の活動はずっとつづけられていたはずです。

次の中村哲のことばは、武力では何も解決できないことを教えてくれます。

米軍によって実現された自由とは、売春の自由、暴力の自由、餓死の自由、麻薬栽培の自由であった。文明の名において、一つの国を外国人が破壊し、外国人が建設する。そこに一つの傲慢が潜んでいないだろうか。

（中村哲・ペシャワール会『空爆と「復興」』石風社、二〇〇四年）

中村哲の精神形成の原点は、西南学院中学時代のキリスト教との出会いです。医師をめざしたのも、教会の牧師の親炙《しんしゃ》に浴したことがきっかけになっています。

中村のアフガニスタンにおける宿舎の本棚には、内村鑑三の『後世への最大遺物』という本が何冊も置かれていました。日本からボランティアに来た若者たちに読ませるためでした。

中村が少年時代に受洗するきっかけになった本だそうです（『西日本新聞』二〇二〇年一月四日）。

後述するように（第VI章）、内村鑑三が講演で紹介したメリー・ライオンのことばにならい、「だれもが行きたがらないところへ行け、だれもがやりたがらないことをなせ」が中村の信条でした。

第Ⅲ章　台湾海峡の緊張をどう解きほぐすか

アジアの歌姫テレサ・テン（パブリック・ドメイン）

これまでのところで、いったん戦争がおこれば正義も法秩序もなくなる、戦争や武力ではなにも解決しないと論じてきました。また、日本にも戦前から戦後につらなる反戦非戦の系譜があることをみてきました。

以下の第Ⅲ~Ⅴ章では、緊張を増す東アジアで戦争のぼっ発を回避するにはどのような方策があるかについてかんがえていきます。

近年の東アジアにおける不安定要因の一つは、海洋進出をはかる中国とそれをおさえ込もうとするアメリカとのせめぎ合いにあります。

とくに台湾の独立か、中台の統一かをめぐる確執は、アメリカを中心とする西側諸国と中国との溝をひろげる火種となっています。

本章では、台湾海峡をはさんだ中国と台湾の緊張関係について、歴史をふまえつつ、複雑にからまったもつれを解きほぐしていきます。台湾の識者も民衆も台湾が焦土となるような戦争への道を望んではいません。

1　中台の攻防の歴史

ここ数年、アジアを舞台に世界の大国がしのぎをけずり、互いに相手の陣営を敵視する動きがあらわになってきています。

マスメディアの報道のしかたにも危機感をあおるような傾向がみられます。

たとえば、二〇二一年一〇月のことですが、四日間のうちに一四〇機の中国の戦闘機や爆撃機が台湾の防空識別圏に侵入したというニュースです。

それに関連して、中国軍の上陸作戦の訓練のようすや、台湾や日本における応戦訓練のようすを撮った映像もくり返し流されています。テレビのニュース映像をみていると、いまにも中国が台湾への武力侵攻をはじめるのではないかというような緊迫感がただよってきます。

たしかに近年の中国の外交には強硬な姿勢がめだっており、周囲の国や地域にとってなかなかうけ入れがたいところがあります。

しかし他方では、それぞれの問題の歴史的な経緯をたどり、具体的な事実関係を解きほぐしてみれば、そんなに危機感をあおるほどのものではないことがわかります。

台湾の防空識別圏と中国機の侵入

台湾の防空識別圏にたいする中国機の侵入という一件について検討してみましょう。

第一に、「防空識別圏」の設定は国際法でみとめられているものではありません。防衛上の目的から各国が独自に設定したもので、国際法でその権利が保障されているわけではないのです。

その点では、国際法にもとづく「領空」（領土、および海岸線から一二カイリの領海の上空）とは重要度がちがいます。

第二に、台湾の防空識別圏は、在日米軍の主導下にずっと以前の一九五三年に設定されたものです。

これは、日本、韓国、フィリピンの防空識別圏の設定と同時におこなわれました。背後でアメリカ軍の意向がつよく働いています。

ですから、アメリカ軍の便宜が優先されていて、アジア地域のつごうなどは考慮されていません。

図2は台湾（中華民国）の国防部の資料にもとづいて台湾の通信社が作成した台湾・中国大陸・日本・韓国それぞれの防空識別圏です。

台湾の防空識別圏の範囲をみると、東側は東経123°の直線でタテに区切られています。ところが、日本のもっとも西側に位置するのは与那国島で、その西端は東経122°56′です。

そうすると、与那国島の上空は、日本の領空と台湾の防空識別圏とが重なっていることになります。

どうしてこういうことになったのでしょうか。

それはアメリカ軍が管制しやすいように、地図上にエイヤッとばかり、東経123°線を境に日本と台湾の防空識別圏を区切ったからです。その結果、与那国島の東側三分の一が日本、島の西側三分の二が台湾の管轄となったのです。

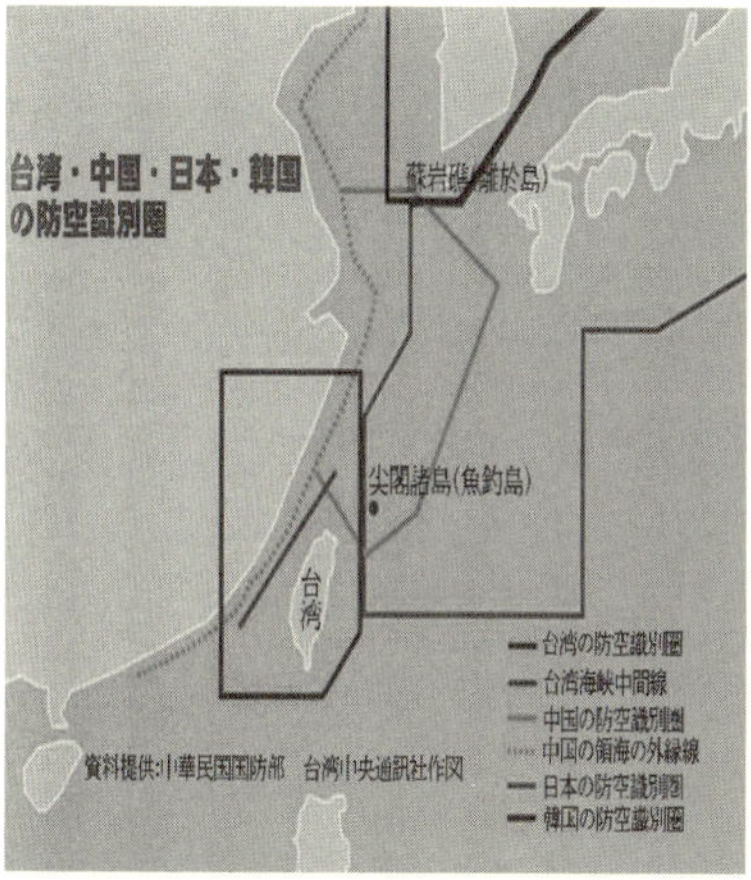

図２　台湾・中国大陸・日本・韓国の防空識別圏（フォーカス台湾（中央社））

実際の運用にあたっては、台湾が与那国島の上空を管制からはずしてくれているから問題にはなっていませんが、日本や台湾にとってはひどくめいわくな話です。

中国が防空識別圏を東シナ海に設定したのは、日本や台湾より六十年も後のことで、二〇一三年になります。その前年に日本が尖閣諸島の国有化をしたことと深くかかわっています。

中国は尖閣諸島（中国名：釣魚島）が中国の

領土だと主張していますから、中国の防空識別圏には尖閣の上空もふくまれます。その結果、当然のことながら、日本、中国、台湾の防空識別圏がかさなりあう区域が生じることになりました。

それぞれに相手のあることですから、防空識別圏の運用は慎重にも慎重を期さなければならないことはいうまでもありません。

第三に、台湾の防空識別圏は中国大陸の上空にまでおよんでいます。

台湾の防空識別圏の西側の設定範囲についてみると、その西の端は東経117°3′の線上にあります。つまり、南は広東省・福建省から、北は浙江省や江西省の景徳鎮あたりまで、ひろく中国大陸の上空をカバーしているのです。

これも防空識別圏を設定した当時のアメリカ軍の要求にもとづくものです。中国大陸の情況を空から探索し、情報収集するためでした。

このように中国大陸に深く入り込んだ台湾の防空識別圏の、しかもその片隅に中国機が侵入したからといって大さわぎするのはいかがなものか。中台の対立をあおっているとしか思えません。

冷戦期における中台の攻防

ここで中台関係の歴史をふりかえっておきます。

一九五〇年代、六〇年代の台湾は国民党の蔣介石政権が支配していました。一九四九年に大陸を追われた蔣介石は大陸への反攻をあきらめたわけではありません。

蔣政権は、「一年準備、二年反攻。三年掃蕩、五年成功」というスローガンをかかげ、何年かかっても大陸反攻を成功させようと企図していました。

一九五〇年代には空軍力の面では台湾のほうが優勢でした。当時、台湾は中国大陸の華南地区や華東地区の制空権をにぎっており、中国の沿海部の要衝や軍事施設にたいしてたびたび空爆をおこなっています。

一方、中国は大陸沿岸の島々への攻略作戦をしかけています。一九五四〜五五年に第一次、一九五八年に第二次の台湾海峡危機をもたらしました。

それにたいし、台湾も中国経済の疲弊《ひへい》した一九六二〜六五年に広東省沿岸部への攻撃をこころみています。

一九七一年に中国が国連に加盟し、台湾（中華民国）は国連を脱退しました。そのころから台湾と中国との力関係がしだいに逆転していきます。

それ以前には台湾のほうが中国全土を代表しているかのようにふるまっていましたが、一九七〇年代以降は逆になります。大陸が台湾を統一して「一つの中国」にしようと攻勢をつよめるようになりました。

このように、台湾の防空識別圏には中国大陸を空から攻撃してきたという負の遺産がつきま

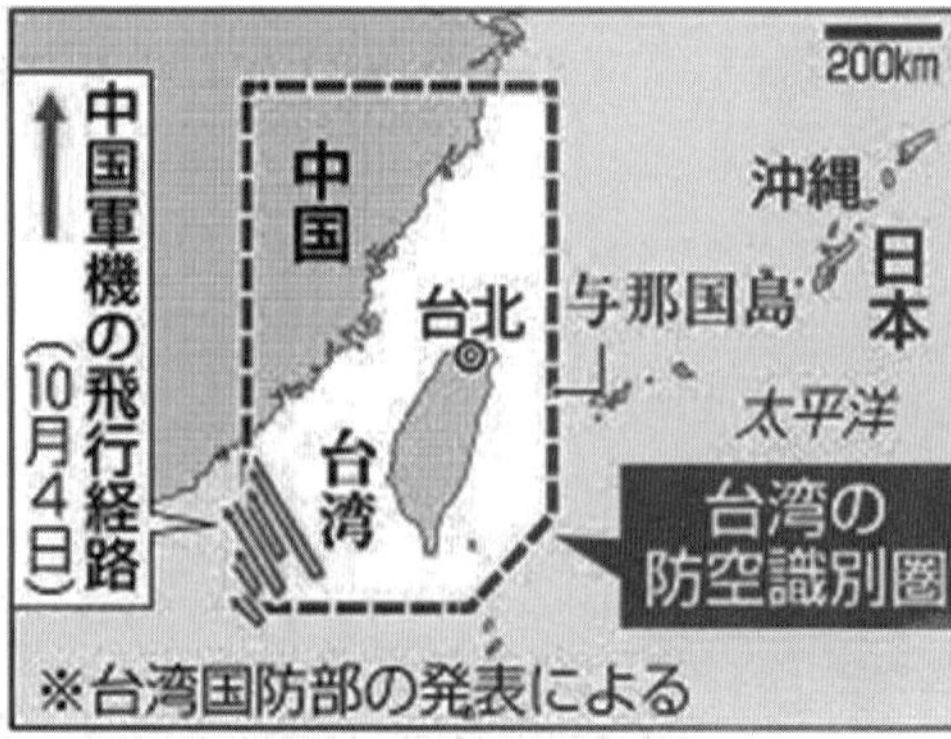

図3　中国軍機の台湾防空識別圏への侵入経路
（『西日本新聞』2021年10月5日）

とっています。いまさら中国が防空識別圏に侵入したといってさわぎ立てるのは、台湾にとっていささか後ろめたいところがあるのではないでしょうか。

しかも、図3からわかるように、中国軍機が侵入したのは台湾の防空識別圏の西南の角っこで、南シナ海の上です。いまにも中国軍が台湾へ侵攻しようとしているなどという緊迫した事態ではありません。

ただし、このような軍事的な挑発行動は不測の事態をまねく恐れがあり、ちょっとした手ちがいで武力衝突や戦争になってしまう可能性もあります。そういう点では、中国にはもっと自制した慎重な姿勢がもとめられます。

軍事兵器は、高額な費用をともなう危険な〝オトナのオモチャ〟です。経済学的には「公共財」の一つとされますが、実のところは、人命をうばい、環境を破壊する非生産的な「消費財」です。

中国と台湾が軍備増強をきそいあえば、もとは一つの国であったものどうしで対立して、ムダなカネをついやすことになります。中国も台湾も武器購入や武器製造に使うカネを社会保障や教育にまわせば、どれほどか民生や社会の安定に寄与することでしょうに……。

持ちつ持たれつの関係

台湾と中国との関係は政治外交上の対立がある一方で、経済や文化の交流の面ではますます緊密になってきています。

中国が改革開放に転換してのち、台湾の企業は中国で事業を展開して大きく成長してきました。

たとえば台湾の実業家、郭台銘《かくたいめい》が創業した鴻海《ホンハイ》グループは、経営破綻したシャープを買収して日本でも有名になりました。シャープは日本の名経営者、早川徳次が創業した伝統ある家電メーカーです。

鴻海がこのように強大な国際的企業になれたのは、中国で工場を展開し、合わせて百万人もの従業員を雇うまでに経営規模を拡大していったからです。

台湾が中国から離れて経済を運営していくことはもはやかんがえられません。また、中国も台湾企業をぬきにしては、ぼう大な労働人口の就業先を確保することはできません。

経済関係の現実をみれば、中台どちらも持ちつ持たれつの密接な関係にあります。ましてて、歴史的にみても台湾が中国大陸を統合しようと反攻をしかけていた時期もあるのですから、いまさら台湾を中国から切り離すのは無理筋というものではないでしょうか。

いまから三十年も前のことですが、私が香港に駐在していたころ、日本の大学でアジアの政治や経済を講じている台湾出身のY教授が訪ねてきました。台湾や香港の話になり、私が台湾独立の可能性もあるのではないかと質問したところ、Y教授はポツリと次のようにつぶやきました。

一九七一年に中国が国連に加盟したときがチャンスだったのに、みずから脱退してそのチャンスを捨てたのだから、もう台湾独立の目はないよ……。

2　台湾の戒厳令の時代

二・二八事件から戒厳令へ

台湾には、「白色テロ」と呼ばれる国民党による弾圧の歴史があります。

一九四七年の二・二八事件は、その代表的なものです。事件の発端は、二月二八日、台北で闇タバコを売っていた婦人を警官が摘発し、暴力をふるったうえに金品を没収したことにあります。タバコ売りの婦人に同情して集まった群衆にむけて警官が発砲したため、死者も出ました。

この暴虐はまたたく間に台湾全土につたわり、各地で激しい抗議デモが発生しました。その根底には、日本の敗戦後に台湾省の行政長官に就任した、陳儀の圧制と官吏の汚職腐敗にたいする民衆の反発があります。

陳儀は国民党トップの蔣介石に中国大陸からの軍隊の増援を要請します。三月八日に増援部隊が到着すると、政権側は攻勢に転じます。

官憲による武力鎮圧はすさまじいものでした。国民党政権の発表でも、二・二八事件とその後の白色テロによる犠牲者の数は一万八千〜二万八千人にのぼると推計されています。

台湾の侯孝賢は私の好きな映画監督の一人です。彼の監督した映画『悲情城市』(一九八九年公開)はこの二・二八事件をもとにしています。

一九四九年五月から国民党政府によって戒厳令がしかれます。戒厳令のもとで、国民党の強権的な独裁体制がつづきます。

『醜い中国人』をあらわして、みずからの民族の弱点を鋭くついた作家の柏楊は一九六八年に「反乱罪」で逮捕され、九年間も獄中にありました。

高雄事件（一九七九年）や江南事件（一九八四年）などは国家権力による陰惨な殺人事件です。中国は社会主義だから強権的だが、台湾は資本主義だから民主主義的であるなどとはいえません。社会主義だろうと、資本主義だろうと強圧的な政権もあれば、民主的な政権もあるのです。

一九七〇年代の南米チリのアジェンデ社会主義政権と、それを武力で転覆したピノチェトの軍事独裁政権とを対比してみればわかります。ピノチェト政権の後ろだてになったのは、米CIAと市場至上主義のシカゴ学派です。

日本と中国との狭間で数奇な運命にさらされた台湾人もいます。

鍾《しょう》浩東《こうとう》は一九一五年に台湾南部の屏東《へいとう》県高樹郷で生まれた客家《はっか》の人です。日本統治期に育った鍾は、日本人による支配と差別に不満をおぼえ、また中国五・四運動期の書籍の影響もうけ、反日思想をいだき、かつ中国人としてのアイデンティティをもつようになります。

一九三九年に鍾は留学先の明治大学を休学し、妻の蔣碧玉とともに中国にわたって抗日戦争に参加します。

抗日戦争が終わると、鍾は台湾にもどります。基隆《きーるん》中学の校長に就任し、進歩的なスタイルで学生を教育していました。しかし、二・二八事件後は国民党政府に失望し、中国共産党に加入します。

一九四七年に鐘は基隆中学に中国共産党支部を設立し、地下雑誌『光明報』を発行するなどの活動をしていました。

一九四九年八月、鍾浩東は十数名の教職員とともに国民党政府によって逮捕されました。翌五〇年一〇月に銃殺刑に処せられています。三四歳でした。


鐘浩東が処刑されたのは青島東路の国防部軍法処の拘置所です。

台湾大学病院の蘇友鵬たち四人の医師は、一九五〇年五月にわけもわからず逮捕されました。保密局での取り調べをへて、同じ国防部軍法処の拘置所に収監されます。取り調べでは逮捕者にたいして凄惨《せいさん》な拷問がおこなわれ、うめき声やさけび声が一日じゅう聞こえていたといいます（龔昭勲《きょうしょうくん》『台湾「白色テロ」の時代　死の行進』展転社、二〇一三年）。

死刑に処される者は早朝によび出されます。彼らが牢から出ていくときに、残された収容者仲間はいつのころからか「安息歌」をうたって見送るようになりました。

この歌は、一九四五年末に雲南省昆明の西南連合大学でおきた一二・一事件の犠牲者を悼《いた》んで、上海の聖ヨハネ大学の学生たちが作詞・作曲したものです。

西南連合大学は日本軍の華北進攻をうけ、北京大学、清華大学、および天津の南開大学が疎開して一九三八年に設立されました。日本が降伏して数ヵ月のちの一二月一日、同大学の学生や教員による国共内戦に反対する集会がひらかれたのですが、それを中華民国政府の軍と警察が弾圧して流血の惨事をまねいています。

安息吧　死難的同志
別再為祖国担憂
你流的血照亮著路
我們会継続前走

やすらかに眠りたまえ　殉難の同志よ
もはや祖国のために憂うることなかれ
きみの流した血は行く道を照らしている
われらはなお歩みつづけるだろう

「安息歌」はいまでも台湾で白色テロの犠牲者を追悼する式典でうたわれます。龔昭勲によると、鐘浩東は刑場におもむくさい、「安息歌」ではなく、「幌馬車の唄」をうたって送ってくれと残された収容者たちにたのんだそうです。妻になる人と結婚前によく一緒にうたった歌でした。

この「幌馬車の唄」（作詞・山田としを、作曲・原野為二）は、一九三二年に和田春子がレコーディングしています。

蔣介石の時代に、無実の罪で収容所に送られた人は少なくありません。蔡焜霖《さいこんりん》もその一人です。彼の少年時代からの人生の転変を描いた漫画があります（游珮芸・周見信著／倉本知明訳『台湾の少年　収容所島の十年』岩波書店、二〇二二年、全四巻）。

蔡は一九三〇年、日本統治時代の台湾の台中に生まれました。その後、国民党政権下の一九四九年に台中一中を卒業して、故郷の町役場の事務員として働きはじめました。ところが、翌一九五〇年に蔡は逮捕され、懲役一〇年の判決をうけます。一中時代に読書クラブに入っていたことが反体制活動と認定されたのです。

一九五一年に蔡は太平洋上の離れ小島、緑島（当時は火焼島とよばれる）に設置された政治犯収容所に送られます。六〇年九月まで十年間収監されました。

釈放されてのち、蔡は出版社に就職し、編集者として児童雑誌『王子』や女性誌『儂儂』(non-no) の創刊を手がけたりしました。その間も、官憲の監視の眼はずっとつづいています。

一九九〇年代になって台湾が民主化されてのち、蔡はようやく自由に活動できるようになります。それからの蔡は白色テロ時代の政治犯の名誉回復と人権教育の普及に力をそそぎました。

3　台湾アイデンティティの形成

台湾人とは

ここで、台湾人としてのアイデンティティとは何かについて歴史的にかんがえてみます。

大陸の漢族が台湾へ本格的に移住するようになるのは一七世紀からです。それ以前の台湾は、中国の王朝にとって「化外《けがい》の地」（天子の教化がおよばない地域）とみなされていました。

オランダの植民地であった時代（一六二四～六一年）や、明朝の遺臣、鄭成功の一族が支配した時代（一六六一～八三年）に大陸から漢族が移住してくるようになります。

この移住の流れは清朝統治期（一六八三～一八九五年）にもつづき、主に福建省や広東省から流入し、一九世紀末には台湾の漢族は約二五〇万人に達していました。

漢族が台湾のマジョリティとなり、主に山岳地帯や東部海岸地帯に住む先住民族はマイノリティになっていきます。

日本統治期（一八九五～一九四五年）の一九四二年の調査によると、台湾の人口は漢族五八三万人、先住民族一六万人、日本人三八万人の構成でした。

このうち、六〇〇万人足らずの漢族とその子孫が、のちに「本省人」とよばれるようになる人たちです。いうまでもなく、日本人は敗戦によって引きあげます。

国共内戦（一九四六〜五〇年）に敗れた国民党政権は本拠を台湾に移します。この時期に、一五〇〜二〇〇万人の難民・移民が大陸から台湾に流入しました。この「新移民」とその子孫が「外省人」とよばれる人たちです。

本省人と外省人の対立は、一九四七年の二・二八事件によって決定的となり、その後もわだかまりをのこします。また、同じ漢族であっても、広東省から移ってきた客家《はっか》は独特の言語と文化をもっており、人口の多数を占める福建省出身の福佬人《ふくろう》から差別され、彼らと対立してきた歴史があります。さらに、先住民族と漢族との摩擦も解消したわけではありません。

一九六〇年代からの台湾の経済成長にともない、都市部と先住民の住む山間部との所得格差はますますひろがりました。それとともに、先住民の娘たちがセックス産業に追いこまれ、先住民の若者たちが炭鉱労働者や遠洋航海の下級船員へといざなわれるようになっていきます（戴國煇『台湾　人間・歴史・心性』岩波新書、一九八八年）。

現代台湾研究で知られる若林正丈によると、現在の台湾社会の特徴は「多重族群《ぞくぐん》社会」ということばで表されます。族群とはエスニック・グループのことです（若林正丈『台湾の歴史』講談社学術文庫、二〇二三年）。

台湾には次の四つの族群があります。

原住民（先住民族）一・七％
福佬人（祖先が福建省南部出身の漢族）七三・三％
客家（祖先が客家語を母語とする漢族。主に広東省北部の出身）一二％
外省人（戦後の中国大陸からの移民。大部分が漢族）一三％

各族群の下にしるした数値は、一九八九年の総人口二〇〇〇万人に占める比率（推計）です。本省人と呼ばれる福佬人や客家が圧倒的な比率を占めていることがわかります。先にのべたようなエスニック対立をかかえながらも、いまの台湾では文化や言語の多元性が認知され、先住民族と漢族との文化的融合も強調されるようになってきました。

台湾のアイデンティティ・クライシス

香港が中国に返還されてのち、台湾ではアイデンティティ・クライシスがおこります。「今日の香港は明日の台湾」という不安です。

一方の極端は台湾独立を主張する人たちであり、もう一方の極端は大陸中国がいうところの「統一」を志向する人たちです。この両極端のあいだにさまざまな中道的立場の人たちがいます。

台湾アイデンティティについては、台湾出身の学者、戴國煇《たいこくき》の論考があります。戴は日台関係史や華僑華人社会の研究で知られ、アジア経済研究所や立教大学に在籍しました。
戴は独立派にたいしては、「彼らの台湾人父祖が日本帝国主義と闘い、血と汗を流し、刑死と牢獄の災禍にまみれた歴史」をみていないとつき放します。

また、もう一方の統一派にたいしては、大陸中国が国家的立場から台湾を中華人民共和国の一省であると主張することは理解できるものの、台湾人にたいしてその論理を押しつけることは「交渉の余地を排除する強圧だ」と反発しています。

後述するように戴には、一九三〇年に台湾の先住民が日本の圧制に耐えかねて武装蜂起した霧社事件の歴史をほりおこした研究があります。

戴はほかにも、『境界人の独白――アジアの中から』（龍渓書舎、一九七六年）というエッセイで、自らの境涯とからめて日本の台湾統治や戦後日本のありかたを語っています。

その中で、「日本は国民党より良かった、台湾は日本人によって近代化された」などという台湾独立運動者の「甘ったれた囁《ささや》き」に酔いしれる日本人のありようにきびしい目を向けています（「台湾統治の〝神話〟を打破しよう」）。

戴はみずからを、民族的自覚と民族的尊厳をとりもどすのにいいしれぬ辛酸と苦労をなめてきた「臆病な台湾出身の一中国庶民でしかない」と形容していました。

「植民地被統治者の少年の一人として、公立中学入試の難関を突破するためには教育勅語をも覚えざるをえなかった」という過去を背負っている人でもあります。自らの内にある「植民者の押しつけた価値体系」と葛藤《かっとう》しながら生きてきました。

そういう境界人としての立場から、戴は台湾の独立派にたいしても、また大陸中国の統一派にたいしても賛同できないのです。

台湾で民主化に向けて大きな変化がおこったのは、一九八〇年代に入ってからのことです。蔣介石のあとを継いで総統になったのは、長男の蔣経国です。彼のもとで、一九八七年に戒厳令が解除されます。

次いで、一九八八年に総統になった李登輝が政治の民主化へのレールをしきました。一九九〇年代に入ると、台湾化を推進する民進党が勢力をのばしていくようになります。

台湾の民主主義といっても、それほど歴史が長いわけではないのです。

二〇一四年には学生を中心にひまわり運動がおこり、中国との経済的結びつきがつよまるのに反発する動きもみられました。

また、二〇一六年から八年間にわたって総統であった民進党の蔡英文は、ヨーロッパ諸国との交流を深めたり、脱原発宣言を発したりするなど、独自のカラーをもった政策をうち出しました。

4　台湾の選択

ウクライナの教訓

呉安家は、一九九七年以来、行政院（内閣）大陸事務委員会の副主任委員として長らく台湾の対中政策にかかわってきた人物です。国民党の政権下でも、民進党の政権下でもその任をつとめてきました。

一九九四年には上海を訪問し、中国海峡両岸関係協会会長の汪道涵と会っています。また二〇〇一年には、民進党の総統であった陳水扁の訪米代表団にその一員として参加しました。

呉は、二〇二二年二月二四日からのロシアによるウクライナ侵攻という事態をうけて、台湾にとっての教訓を次のように論じています。

（台湾の）安全にたいする最大の苦境は、中華人民共和国の強大な軍事的脅威からきていることを理解しておかなければならない。こちらのほうから中国を挑発し、外国と組んで中国と対決するなどというのはよろしくない。まして、列強が中国に進攻するための軍事基地となったり、外国から供与された先進的武器を用いて中国を攻撃したりするなど、とんでもないことである。そんなことをすれば、中国は先手必勝とばかりに先制攻撃をしかけてくるだろう。

いいかえれば、強大な隣国の脅威にさらされている弱国は知恵をはたらかせて危機を解消しなければならない。けっして強硬な手段で立ちむかうべきではない。

（呉安家『台海両岸関係定位争論——一九四九〜二〇二一台海風波』翰蘆図書出版、二〇二三年）

また、呉は彼がもっとも憂慮していることとして、次のようにのべています。

台湾がアメリカの援助をうけながら、海上で防御したり、あるいは国境の外で戦ったりすることなどありえない。台湾島が戦場となるのは不可避である。そうなれば、数十年の経済建設の成果は無に帰してしまう。台湾を科学技術の島にしようという夢も空疎なものになる。

このように、呉は武力衝突を回避することが台湾にとってもっとも肝要だといっているのです。

呉によると、中国との関係において台湾には以下の三つの選択肢しかのこされていません。

第一の道は、「中国一辺倒」になり、中国の統治をうけいれる選択です。

この道は、国際勢力の妨害や国内政治の動揺をもたらします。なぜなら、アメリカや日本などが両岸統一を喜ばないし、大多数の台湾人は中国共産党の一党独裁下の社会で生活することを望んでいないからです。

第二の道は、完全に中国の影響から脱却し、独立自主の道を歩む選択です。

この道は、中華民国憲法の修正、国号・国旗・国歌の変更を必要とし、かつ国際勢力の強力な支援を必要とします。

その場合、中国は領土をまもるためにいっさいの代価を惜しまず、「反国家分裂法」にもとづき、台湾に対し陸海空の三軍による全面攻撃をしかけてくることでしょう。そうなると、台湾は戦火によって廃墟と化してしまいます。結局、中国が得るのは破壊しつくされた孤島でしかありません。

第三の道は、「中道路線」です。アメリカとも中国とも良好な関係を維持し、どちらか一方に肩入れすることのないよう石橋をたたいてわたる方策です。

これら三つの選択肢のなかで、呉は第三の道がもっとも現実的な選択だといいます。その理由は、三つあります。

① 中国と台湾の人民は同文同種で、どちらも華夏民族の子孫である。
台湾海峡両岸が分裂してからの期間はわずか七十余年である。それは長い歴史のなか

では一時的なことにすぎない。

両岸の分裂統治は夫婦のケンカ別れのようなものである。もしよりを戻したいなら夫は相手にやさしくしてこそ、妻の翻意をうながすことができる。夫が暴力をふるったり、妻が冷たくつき放したりすれば、夫婦はとわに別れわかれにならざるをえない。

② 台湾が小をもって大をとらえるには知恵をしぼらねばならない。中国が大をもって小をのみ込むには忍耐心を必要とする。国民党政府が長期にわたって堅持してきた「統一せず、独立せず、武力行使せず」の政策は、民進党政府の現状維持政策とも合致している。

③ 両岸の争いは協議によって解決するのが唯一の良策である。もし大多数の台湾住民が中国と統一したいと望むなら、住民投票によって決めることもできる。三つの憲法(中華民国憲法、中華人民共和国憲法、両岸の協議による未来の憲法)をつなぎ合わせてもよいし、EUのような方式でもよい。

このように、台湾の対中政策に長年たずさわってきた呉安家は台湾と中国が武力衝突しないことをもっとも優先しているのです。

政治対話の道

蘇起は李登輝政権で大陸委員会主任委員、馬英九政権で国家安全会議秘書長の任についていました。現在はシンクタンクの台北論壇基金会の会長として、民進党、国民党、経済界の人士を広くあつめて政策提言をしています。

蘇の近著によると、いまの台湾には次の二つの道しかのこされていません。

一つは、徹底的に「闘う」道です。そのばあい、台湾人は自身や家や財産を犠牲にする覚悟が必要です。

アメリカがはるばる兵士を送ってきて、台湾のために血を流してくれることを期待するのは幻想でしかありません。しかも、この道をえらんだ結果は中国による武力統一で終わる可能性が大きい。

もう一つは、中国と政治対話をおこなう道です。党内コンセンサス、党間コンセンサス、両岸コンセンサスという三段階のステップをふんで政治対話をすすめていけば、米中の対立を緩和することもできます。

最後に、蘇はこうむすんでいます。台湾が政治対話の道をえらび、みずからの理性と知恵でもって今後百年の計を立てていくならば、台湾は未来の世界史にかがやかしい一ページをしることになるだろう（蘇起『美中対抗下的台湾選択』遠見天下文化出版、二〇二四年）。

日本では、一部の政治家やジャーナリストが台湾有事のさいには米軍といっしょになって中国と戦うなどと息まいています。しかし、冷徹に現実的な思考をする台湾の識者や政治家は、台湾が焦土と化すような道を望んではいません。

しかも、前出の蘇起の見方に代表されるように、台湾の将来を決定する要素とみなされているのは米中、米台、中台の三つの関係だけです。日本という要素は考慮に入っていません。

南沙諸島（スプラトリー諸島）の太平島を支配する台湾

さらに日本では、台湾と日本は協力して中国の海洋進出に対抗すべきだなどという論が優勢です。日本の海上保安庁と台湾の海巡署が巡視船の合同訓練をしたこともあります。

しかし、ことはそう単純ではありません。中国も台湾も「釣魚島《ちょうぎょとう》」あるいは「釣魚台《ちょうぎょだい》」（尖閣諸島）はみずからの領土だと主張しているからです。

二〇〇八年から八年間にわたって台湾の総統であった馬英九は、「釣魚台博士」と称されます。馬はハーバード大学で博士号を取得していますが、その学位論文は釣魚台が歴史的に中国の領土であり、日本がいうような「無主島」ではなかったと論じたものです。

また、南シナ海の南沙諸島（スプラトリー諸島）をめぐっては、フィリピンやベトナムなど東南アジア諸国と中国とのあいだで領有権が争われています。ところが、そのうち面積のもっとも大きい太平島は台湾の実効支配下にあるのです。

太平島は日本統治時代の一九三九年に台湾高雄市の管轄となっています。四ヵ所の井戸から真水が得られ、南沙諸島のなかで唯一、人が居住可能な島です（片倉佳史「南沙（スプラトリー）諸島の歴史」『交流』二〇一七年一一月号）。

このように、対外的な領土問題では中国と台湾は利害関係を同じくするともいえます。そのことを日本人は肝に銘じておくべきです。

二〇二四年一月の台湾総統選では、民進党の蔡英文のあとを継ぐ頼清徳が当選しました。しかし、頼の得票率は四〇％と、前回総統選における蔡英文の五七％より大きく下がっています。また、立法委員（国会議員）選挙では国民党が議席を三七から五二に伸ばし、第一党になりました。台湾民衆党の議席も五から八に増えました。

政権与党の民進党はむずかしい政局運営をせまられることになります。

国民党や民衆党は中国との対話や経済・文化の交流の促進という公約をかかげていました。台湾の民意は、中国との距離をとりつつも、対中関係で無用な対立をおこさないように現実的な選択をしたといえます。

二〇二四年四月、中国政府は訪中した国民党代表団に、中国から台湾への個人の観光旅行を再開するとつたえました。二〇一九年七月に禁止された個人観光が解禁されたのです。

二〇二四年五月に台湾の新総統として頼清徳の就任式がおこなわれました。頼は孫文の肖像にむかって宣誓しています。孫文は中華民国の創始者であり、中国にとっても台湾にとっても

「国父」なのです。

台湾独立派は中華民国を承認しません。しかし、台湾の総統は中華民国憲法にのっとって選出されたものです。そういう意味では、民進党出身の総統も中華民国を承認せざるをえない立場にあります（蔡輝振『両岸論戦』天空数位図書有限公司、二〇二二年）。

5　台湾と中国の交流

中台の歴史のしがらみ

台湾はこれからも、つかず離れず中国とつき合っていくしかありません。中台のあいだにはそれだけの歴史的なしがらみと緊密な経済関係や人的交流があるからです。

台湾と中国との歴史的なしがらみは、台北の故宮博物院からも知ることができます。ここには、国民党政権が台湾に持ち去った北京の故宮の宝物類七二万点がおさめられています。

また、金門島と馬祖島は台湾が支配していますが、それぞれ福建省のアモイ（厦門）と福州の目と鼻の先にあります。中台のあいだの緊張がたかまる以前は、中国大陸からの観光客にとって人気スポットの一つでした。

二〇二四年二月には金門島周辺で台湾警備当局が中国漁船を取り締まろうとして、漁船が転覆し、漁民二人が死亡する事件もおきています。逆に、中国海警局が台湾漁船を拿捕《だほ》したこともあります。

二つの島は地図をみれば一目瞭然《りょうぜん》なのですが、台湾より中国大陸にずっとちかい。台湾の戸籍のうえでも、金門島は中国大陸の福建省の金門県、馬祖島は同じく福建省の連江県に属することになっています。

このように、台湾には中国とのつよい結びつきがあります。

中国大陸の人たちは、台湾の人たちがいっしょになってもいいなあと思うような魅力的な国をつくり上げていけばよいのです。武力では台湾の人たちの心をつかむことはできません。中国の兵法でも「攻城為下、攻心為上」（城を攻めるより心を攻めるのが上策である）というではありませんか。

いまから二十年も前のことになりますが、二〇〇五年一二月にクアラルンプールで東アジア・サミットが開催されました。それに参加できない台湾はその日程に重ねて、国際フォーラム"The Rise of China and the Future of Asia-Pacific Region"（外交部主催、台湾アジア基金会実施）を開催しました。

私もそのフォーラムで発表する機会を与えられました。発表者の多くは中国の経済力や軍事力の拡大を懸念して、それに台湾がいかに対処すべきかという点に議論を集中していました。

そこで、私は少しちがった観点から意見をのべました。

台湾は台湾というせまい域内に閉じこもろうとせず、中国の民主化と社会経済の安定的な発展を促進することに尽力してはどうか。他の国にはできないことが台湾の人々にはできる。大陸で民主選挙が実施されるようになれば、それを通じていつの日にか台湾出身の国家主席を誕生させることも夢ではないというものでした。

台湾の人たちが中国という国に魅力を感じるわけがないと思う人もいるかもしれませんが、そうとはかぎりません。芸能の世界では、台湾や香港の有名俳優が続々と中国の映画やテレビに出演しています。

日本では、この二十年ばかりのあいだ、外国ドラマといえば韓国ドラマであり、韓ドラがテレビ欄を席巻してきました。

それでも、最近は中国ドラマや華流ドラマの放送も増えてきました。『項羽と劉邦』、『武則天』、『コウラン伝　始皇帝の母』、『三国同盟軍師司馬懿《しばい》』、『永楽帝』など、華流ドラマは日本や韓国の歴史ドラマよりもスケールが大きく、人手や資金もふんだんにつぎ込まれているように感じます。

『宮廷の諍《いさか》い女《め》（後宮・甄嬛《しんけい》伝）』は中国大陸のみならず、香港や台湾でも人気をよびました。皇后や貴妃によるはかりごとやいじめがあまりにも陰湿で、私はへきえきしましたが……。日本では「良妻賢母」といって妻にやさしさをもとめますが、中国では「賢妻良母」といって妻にかしこさをもとめるようです。

北宋時代の清廉な名臣として知られる包拯《ほうじょう》の物語や、民国時代の京劇役者と実業家の友情を描いた『君、花海棠《はなかいどう》の紅にあらず』などは時代や社会にたいする批判的な視点もあって、おもしろいテレビドラマでした。

『非誠勿擾』（本気でないなら邪魔しないで）という中国の江蘇テレビ局の人気番組があります。壇上の二四人の未婚女性を前にして、独身男性が自分の良さをいろいろとアピールする婚活のバラエティー番組です。

中国大陸だけでなく、台湾やシンガポールやオーストラリアなどから女性も男性も参加しており、めでたくカップル成立にいたったケースもあります。

日本人も登場しています。アメリカ駐在中に夫を交通事故で失ってのち、上海で働くようになったSさんというシングルマザーです。

満座の女性たちからOKサインをもらっていた、引く手あまたの中国人青年Yくんが選んだのは、なんと八歳の子をもつ日本人女性のSさんでした。

Yくんは Sさんにたいし、次のようにプロポーズしています。

あなたは善良で、孝行で、独立心があります。私が好きなタイプの女性です。あなたに結婚歴があることは気にしません。そのときの愛情がまじめなものであり、遺憾なところがなければ、それで十分です。

このカップルの誕生にたいし、「これでまた愛情というものを信じられるようになった」という称賛の声がネット上にあふれたそうです（王廃『你来了，他在哪儿』中央編訳出版社、二〇一四年）。『非誠勿擾』の劇場版映画もあり、日本では『ねらった恋の落しかた』というタイトルで上映されました。北海道が映画のおもな舞台になっていたため、中国人観光客が北海道に押しよせる一因にもなりました。

その映画のなかで、見合い相手の台湾女性が国共内戦によって南京が「陥落」したといったのをうけて、大陸の男性がそれは「解放」だといい直していたのには笑ってしまいました。中台の立場はちがっていても、同じ中国語でコミュニケーションを図ることができるのです。

6　共通する文化の土壌

テレサ・テンの願い

アジアの歌姫、テレサ・テン（鄧麗君）は日本でもよく知られています。彼女は台湾出身ですが、香港や東南アジアでも絶大な人気をほこりました。

一時期、テレサの歌は中国で禁止になったこともありますが、庶民の愛好まで政府が抑えつけることはできません。

一九八〇年代半ばからテレサの人気は中国大陸でも爆発します。「昼は老鄧（鄧小平）を聞き、夜は小鄧（鄧麗君）を聞く」という語呂あわせが流行したほどです。

テレサの父親は元国民党軍人で、河北省大名県の出身です。長兄もそこで生まれています。テレサも中国大陸での公演を楽しみにしていると明言するまでになっていました。大陸の北の雪にふれてみたい、あるいは蘇州に家をもちたいと語ったこともあります。

ところが、一九八九年六月四日の天安門事件の発生によって、中国公演を断念せざるをえなくなります。なぜなら、その年の五月に香港でひらかれた民主化支援コンサートにテレサ自身も参加し、民主化運動を支持する姿勢をしめしていたからです。

テレサは一九九五年五月初めに四二歳で急逝します。結局、テレサの中国公演の夢は実現しませんでした。

チャイナネット（中国網）は中国外文局が運営するニュースサイトです。二〇〇九年七～八月に「新中国でもっとも影響力のあった文化人」についてネット投票をおこなったところ、全部門をつうじてトップの票を得たのがテレサ・テンでした。『四世同堂』や『茶館』などの名作で知られる作家の老舎よりも得票数が多い。

いまでは、テレサの歌は中国で公認です。彼女の曲をカバーした中国人歌手のCDがたくさん市場に出まわっています。

甘くつややかな歌声といわれ、“Lost in Love”などヨーロッパでも人気のあるトン・リー（童麗）もそのうちの一人です。トン・リーの歌うカバーアルバムⅥ（広州市妙音文化伝播有限公司、二〇一三年）の解説には、テレサの死を惜しむ音楽プロデューサーの李偉のことばがのっています。

テレサ・テンは歌一筋に歩み、情感あふれる歌声をわたしたちにとどけてくれた。彼女はこの世界を愛し、この世の一人ひとりを愛した。彼女の一つひとつのしぐさが世のなかを暖かくしてくれた。しかし、このつつましく可憐な花は咲きほこる前に散ってしまった。テレサは知るまいが、彼女の訃報に接したあの春の日、大陸のわたしたちが海峡をへだてて、どれだけ心を痛め、もどかしい思いをしたことか。どれだけ涙にくれてため息をついたことか。

天安門事件以降、中国の民主化運動の旗手となった劉暁波は、「〇八憲章」の起草にも中心的役割をはたしました。劉も、テレサ・テンの歌声によって、人々のおしつぶされていた欲望がよびさまされ、抑圧されていた柔軟性と恩情がときはなたれたと回想しています（余傑著／劉燕子編／劉燕子・横澤泰夫・和泉ひとみ訳『劉暁波伝』集広社、二〇一八年）。

テレサ・テンはむかしの歌手で、いまどきの若者には通用しないという人がいるかもしれません。そこで、いまをときめく中国の人気作家、張嘉佳の作品を紹介しましょう。

張嘉佳は一九八〇年生まれです。『情人書』（ラブレター）や『従你的全世界路過』（きみのいる世界からぼくは歩き出す）など、何冊もベストセラーをものしています。

二〇一八年に刊行された小説『雲辺有個小売部』（小さな町の小売店）（湖南文藝出版社）には、一九九〇年代生まれのヒロインが「月亮代表我的心」（月は私の心を表している）に代えて、「半島鉄盒」（半島の鉄の小箱）をリクエストする場面があります。前者はテレサ・テンがカバーして大ヒットした曲であり、後者は台湾出身の人気歌手、ジェイ・チョウ（周杰倫）が作詞・作曲したものです。

この例からも、いまの台湾の歌手が中国大陸の若者に当たりまえのごとくうけ入れられていることがわかります。

また『雲辺有個小売部』の別の個所には、香港の歌手、レスリー・チャン（張国栄）の「共同度過」（ともに生きていく）の歌詞がのっています。この元歌は、谷村新司が作詞作曲した「花」です。

レスリー・チャンは広東語でうたっていますが、およそ次のような意味になります。

なにもきみにあげるものはないが　この歌をささげたい
風雨のきびしい日々もぼくに寄りそってくれてありがとう
今日からはしばらく離ればなれになるけど
ぼくの愛がきみの心のなかでともに生きていくことをねがっている

レスリー・チャンはよく知られているように、俳優としても活躍しました。

中国の陳凱歌監督の『さらばわが愛　覇王別姫』は一九九三年のカンヌ国際映画祭のパルムドールを受賞しました。そのなかで、レスリー・チャンは京劇の女形《おやま》の程蝶衣という人物を妖艶に演じています。

二〇〇三年、レスリー・チャンは香港のホテル、マンダリン・オリエンタルから飛び降り自殺をしてしまいました。うつ病だったといわれます。四六歳でした。

二人の女傑の遺言

瓊瑶《けいよう》という台湾の女流作家がいます。香港の作家、金庸《きんよう》とならんで中国大陸でも人気を博し、「武俠小説の金庸、恋愛小説の瓊瑶」とはやされました。

瓊瑶は四川省の成都生まれですが、国共内戦のさなか、たいへんな苦労をしながら父母や弟妹とともに台湾にたどりつきます。その後の彼女の人生は『窓外』や『人在天涯』などの自伝的な小説となって実をむすびます。

彼女の作品については「恋愛至上主義」だという批判もありますが、台湾にも中国大陸にも共通する文学的な土壌のあることがうかがえます。

瓊瑤が八一歳のときに書いたリビング・ウィルがあります。私も大いに共感するところがありました。

瓊瑤の人柄が知れるので、簡単に紹介しておきましょう。

① 病院の治療について
どんな重い病気にかかったとしても、大手術をしてはならない。介護施設に入れないでほしい。胃瘻《いろう》、尿管・呼吸器官の装着、気管切開・電気ショックなどの措置は不要。苦痛のない死を望む。

② 死後のこと
公葬や追悼会はせず、家族葬がよい。四九日等の法事や紙銭を焼くなどは不要である。そのほうが地球温暖化を防ぐのにもいい。

世間の評判は気にせずともよい。死後の栄誉は生きている者にとっての虚栄である。死んだ者には何の意味もない。すべての身辺整理が終わってから、親友に死を知らせてほしい。

③　人の生死
生きているときは、花火のように最後の一刻まで命を燃やしたい。

死ぬときは、雪花のようにふわりふわりと地に落ちて塵《ちり》と化したい。

④　身内への思い
人生には予想外の事故や曲折がつきものである。死はだれにでも必ずやってくる。不慮の死、夭折、天災、事故、戦争、病気などは人が天寿をまっとうできない原因であり、悲劇である。

もし老年まで生きられたならば、死がおとずれるのは当然のことである。身内がなんとか命を長らえさせようとするのは、老衰期に苦痛をもたらす主な原因となる。そのときが来たら、どうか悲しまないで喜んでほしい。


瓊瑤の潔《いさぎよ》いリビング・ウィルを読むと、周恩来夫人の鄧穎超《とうえいちょう》がのこした遺言が思いおこされます。一九七八年に中共中央にあてて書かれていたものです。

彼女は一九九二年七月一一日に死去しますが、この遺言は翌日の『人民日報』に掲載されました。

「人はかならず死ぬものである。私の死後の処理について、以下の要求を党中央が批准することを懇請する」として、以下の五点をあげています。

①　遺体は解剖後、火葬にする。
②　遺灰は散骨する。これは一九五六年に火葬がおこなわれるようになってのち、周恩来同志と決めたことである。
③　告別式をおこなわない。
④　追悼会をひらかない。
⑤　この遺言の公布をもって私の訃報とする。

さらに、鄧頴超の遺言には一九八二年に次の二点が追加されています。

⑥　私の住居はもともと周恩来同志といっしょに住んでいたもので、全人民所有である。公の使用に帰すべきもので、故居や記念館などにしてはならない。
⑦　周恩来同志や私の親族にたいしていかなる配慮も必要ない。

鄧頴超は反日愛国の五・四運動をつうじて周恩来と知り合い、一九二五年に結婚しました。投獄された若き日の周恩来に差し入れをしたりして支えた「牢獄の恋」はよく知られています。二人のあいだには子どもをさずかりませんでしたが、その清廉高潔な生きかたは主義や国籍を問わず、人々の心をゆりうごかします。

台湾と中国のテレビドラマにみる家族観

中国大陸では、人権の問題を正面からとりあげたドラマをつくるのはむずかしいところがあります。

それにたいして、台湾のテレビドラマには人権の問題に真摯にとりくんだ重いテーマのものもあります。

『悪との距離』は、精神障がい者による無差別殺人事件をもとに、被害者の家族、加害者の家族、人権派弁護士とその家族、メディアの取材のありかたなどをめぐって、それぞれの苦悶がからみあい、ぶつかりあう筋立てです。

空前の大ヒットとなり、二〇一九年の台湾テレビ金鐘賞のドラマ部門賞、監督賞、女優・男優それぞれの主演賞などをもらいました。

また、テレビドラマ『おんなの幸せマニュアル——俗女養成記』は、アラフォーの女性、陳《ちん》嘉玲《かれい》が主人公です。

彼女には恋人がいて、同棲したりもします。ですが、仕事やその他もろもろのことを考えると、結婚には踏みきれないでいます。相手の男性のほうは、それはそれでみずからの薄給という境遇にひけ目を感じていて、つよく結婚をせまれないでいます。

このドラマには、恋愛、結婚、子育て、嫁姑などをめぐる深刻な問題をめぐって、悲喜こもごもストーリーが展開していきます。

陳嘉玲を演じる謝盈萱《しゃえいけん》を中心に、父親役の陳竹昇、母親役の于《う》子《し》育《いく》など芸たっしゃな俳優がおもしろおかしく演じています。

父親は頼りなくて、家業の漢方薬店の経営を祖父からなかなか任せてもらえません。妻には頭が上がらず、幼なじみの女性に色仕掛けでカネをだましとられたりもします。この心やさしい父親役の陳竹昇の演技に、私は心ひかれました。

陳嘉玲の弟は同性愛者です。男性同士のカップルも登場し、彼らの三角関係による感情のもつれまで描かれます。

ＬＧＢＴのテーマまであつかったこのようなドラマは、台湾ならではの特色をいかしたものといえるでしょう。

中国大陸にも、家族とは何かについて考えさせられるテレビドラマがありました。

湖南衛星テレビ局の『家族の名のもとに』は、二〇二〇年に中国の同時間帯視聴率の第一位となりました。多くの視聴者が感動の涙を流したものです。

個人経営の食堂店主である李海潮は妻を亡くしたシングル・ファーザーです。ひょんなことで、実の娘のほかに二人の男の子をあずかって育てることになりました。

血のつながらない兄妹は仲がよく、李海潮は父親としてその三人を温かく見まもりながら、育てていきます。

ドラマでは、男の子二人とそれぞれの実の親との関係をめぐってすったもんだがあります。李海潮と三人の子どもたちとの家族のきずなが揺らぐこともありました。しかし、かれらは最後には家族への思いやりと愛情であまたの困難を克服していきます。

家族を大切に思う心はどこの国や地域でも変わりありません。

第Ⅳ章　香港の民主化運動はどこへいく

1960年代の香港（パブリック・ドメイン）

1　香港の民主化デモと中国の介入

民主化デモのたかまり

二〇一九年三月におこった香港の民主化デモは、大きなもりあがりをみせました。このデモは「逃亡犯条例改正案の撤回」をもとめてはじまったものです。

民主化デモは六月には、次の「五大要求」をかかげるようになりました。

① 逃亡犯条例改正案の完全撤回
② 普通選挙の実現
③ 独立調査委員会の設置
④ 逮捕されたデモ参加者の逮捕取り下げ
⑤ 民主化デモを暴動とした認定の取り消し

デモのたかまりをうけて、林鄭月娥（キャリー・ラム）行政長官は一〇月には、①の逃亡犯条例改正案の完全撤回を正式に発表します。

しかし、民主派はそれだけでは満足せず、他の四つの項目もすべて実現することをもとめ、デモが収束することはありませんでした。一部ではデモ隊が立法会を占拠したり、警官隊との衝突で死傷者が出たりもしました。

国安法の採択

二〇二〇年になると、中国はデモに対する干渉や香港の自治に介入する姿勢をあらわにしていきます。

その究極のかたちが、六月三〇日の中国の全人代常務委における「香港国家安全維持法」(国安法)の採択です。

三十年前の一九九〇年に中国の全人代で採択された「香港基本法」は、返還後の香港の事実上の憲法となっていました。

ただし、香港基本法の最終的な解釈権は中国の全人代常務委にあります。ですから、一九九七年に返還されて以降、香港はもともと中国政府の管轄下にあったわけです。

二〇二〇年に新たに採択された国安法は、香港基本法の付属文書に追加されるかたちで発効しました。

ただし、既存の法律と一致しないばあいは国安法が適用されるという一文が入っています。

その意味では、国安法は実質的に香港基本法より上位の法律となります。

国安法の制定も基本法と同じく法的手続きをふんでおこなわれたものです。

国安法は、国家の分裂、政権の転覆、テロ、外国勢力との結託など、国家の安全をおびやかす行為にたいし、最高で終身刑を科すると規定しています。

重大な案件のばあいには、中国が逮捕から裁判まで管轄し、非公開裁判をすることも可能です。外国の報道機関やＮＧＯにたいする管理も強化されました。

日本の刑法にも「外患誘致罪」（第八一条）や「外患援助罪」（第八二条）があり、外国と通謀して日本国にたいして武力行使させたり、それに加担したりしたばあいには最高刑で死刑になります。

ですから、国安法の規定そのものは、とりたてて中国の強権性をしめしているとはいえません。そうではあるとしても、国安法の適用が当局の恣意的《しいてき》な判断で決められてしまうのではないかと懸念されます。

国安法の施行により、香港の自治が大きく制限されることはたしかです。

さらに、二〇二一年三月には全人代で「愛国者による香港統治案」が採択され、香港立法会選挙の候補者にたいする資格審査制度が導入されました。

この制度により、民主派は立法会選挙から実質的にしめ出されることになります。

同年六月には、民主派にちかい新聞『リンゴ日報』が編集幹部の逮捕や運営資金の凍結によって廃刊に追いこまれました。それより以前に、同紙の創業者である黎智英（ジミー・ライ）が逮捕されています。

二〇二一年になってからの一連の動きは、民主派を議会からもメディアからも一掃しようという中国政府のあからさまな意図がうかがえます。

二〇二一年一二月におこなわれた立法会選挙では、九〇の議席のうち一名を除いてのこりの議席を親中派が獲得しました。過去の立法会選挙では、民主派が三〜四割を維持していたのですが、この選挙では民主派が獲得した議席はゼロでした。

二〇二四年三月には国安法を補完するものとして、国家安全条例が発布されました。民主派への取り締まりはよりきびしくなっています。

2　植民地としての香港の歴史

屈折した歴史観

ここで香港の歴史を簡単にふり返ってみます。

よく知られているように、アヘン戦争（一八四〇～四二年）やアロー戦争（一八五六～六〇年）などの結果、香港はイギリスの植民地とされてしまいました。正確にいうと、香港島と九龍地区が割譲され、九龍半島の新界地区が九九年間の租借とされたのです。

そののち、一九九七年に中国に返還されるまで、香港は中国とヨーロッパとの経済交流の中継点として重要な役割をはたすことになります。

映画『慕情』の原作者、ハン・スーインものべているように、香港の人々は「借りた場所、借りた時間」のなかで、政治的な権利よりも経済的な利益を優先して生きてきました。

一九四一～四五年の太平洋戦争の期間中、香港は一時的に日本軍の支配下におかれました。当時、香港を占領した日本軍は、香港ドルを日本の軍票に強制交換させています。

私は一九九二年から一年あまり香港に駐在しましたが、そのころでも「日本は軍票を償還せよ」というビラが街なかにはられていました。日本で軍票の償還をもとめる訴訟がおこされたこともあります。

当時、香港で買い物をして高値をふっかけられる観光客は、もっぱら日本人と大陸から来た中国人だという話も聞きました。日本人には恨みがあり、中国人はおのぼりさんだからというのがその理由です。

私は香港の歴史博物館をいくたびか訪れたことがあります。

そこでは、一九四五年八月の広島と長崎への原爆投下とそれに次ぐ日本の降伏、さらに九月一日のハーコート英軍少将による香港進駐と軍事政権の樹立、その翌年のマーク・ヤング香港総督の復帰からなる一連のできごとが、「香港重光」(The Liberation)のコーナーとして展示されていました。

軍票問題もあるので、日本がきらわれるのはわかります。しかし、イギリスの統治に復することがどうして栄光の再来であり、"liberation"(解放)なのでしょうか。

このコーナーの展示内容は、返還前も返還後も変わっていませんでした。香港に暮らす人たちの屈折した思いを感じたものです。

香港を舞台にした中台の対立

戦後の香港は、中国(共産党政権)と台湾(国民党政権)との勢力争いの舞台ともなっています。一九五五年四月一一日には、中国のチャーターしたインド旅客機カシミールプリンセス号が香港離陸後に爆破される事件がおきました。インドネシアでのバンドン会議に参加する予定だった中国政府代表団の先遣隊など一六名が南シナ海で命を落としています。

バンドン会議は、四月一八日からアジア・アフリカ二九ヵ国が参加してひらかれました。国家主権と領土保全の尊重、平和的手段による国際紛争の解決など、平和共存のためのバンドン十原則を採択しています。

カシミール号爆破事件には、台湾政府と米ＣＩＡの関与が疑われています。周恩来の暗殺をくわだてたものともいわれます。

さらに一九五六年の香港の双十暴動では、五九名の死者を出しました。台湾の特務が裏でうごいたといわれています。

それにたいして、一九六六年のスターフェリー運賃値上げに反発しておこった九龍暴動は、香港の親中派が主導したものです。

翌一九六七年の香港暴動では五一人が死亡しました。これらの暴動は、中国本土における文化大革命の影響をつよくうけています。

ネルーと周恩来

ところで、一九五〇年代のころのインドと中国はいまよりも経済力も軍事力も弱かったのですが、発展途上国の中心として世界平和へのリーダーシップを発揮していました。

一九五四年にネルーと周恩来とのあいだで平和五原則が合意されています。その内容は、領土・主権の相互尊重、相互不可侵、内政不干渉、平等互恵、平和共存の五つです。

この五原則は、翌五五年にニューデリーで開催されたアジア諸国国民会議で共同声明として発表されました。前出のバンドン会議の平和十原則は、この延長線上にあります。

他方で、インドと中国とは今日までつづく国境紛争をかかえています。ネルーと周恩来は解決策をさぐろうと、一九五四年から六〇年にかけて計七回の交渉をおこないました。不幸にしてその交渉は不調におわり、一九六二年一〇月に中印紛争がぼっ発してしまいます。

ネルーは国境紛争の交渉にあたり、「常に平和的な方法」(Always through peaceful methods)で解決することをのぞんでいたそうです(H. Yamaguchi, *The Legacy of Jawaharlal Nehru : A Japanese View*, Concept Publishing Company, 2019)。

香港の植民地気質

二〇一九年からおこった香港の民主化デモの一部には、立法会に侵入してイギリス国旗の入った旧香港旗をかざしたり、トランプ米大統領に支援をもとめたりするような欧米崇拝の風潮もみられました。

あたかも中国の一国二制度下にある現状よりも、以前のイギリス植民地時代のほうが民主主義的であったというふうにいっているようです。

たとえば、民主派活動家の羅冠聡(ネイサン・ロー)は、次のようにのべています(羅冠聡・方禮倫著/中原邦彦訳『フリーダム——香港人の自由はいかにして奪われたか、それをどう取り戻すか』季節社、二〇二三年)。

植民地時代の香港総督は選挙で選ばれていたわけではなかったが、少なくとも、民主的な選挙で選ばれた政府によって任命されていた。歴代の香港総督は、市民と価値観を共有し、開かれた自由な社会で生きることの意味を理解し尊重していた。イギリスは、公平な裁判制度によって正義を担保し、出版・報道の自由を通じてある程度の説明責任を追及する手段を僕たちに残してくれた。

香港を統治していたイギリスの行政官は、自由の長い伝統を持つ社会で育った人たちだった。彼らは人権を理解し尊重していた。また、自分たちの権力行使が正当性を欠くことを、植民地の支配者として痛感していた。そのため彼らは概して慎重であり、一つの勢力に肩入れすることを本能的に避け、利害のバランスを取ることを図った。

羅冠聡は一九九九年、六歳のときに広東省の農村から香港に移住してきました。先に香港に密入境して、働いていた父親をたよってきたものです。

その後、羅冠聡は香港の嶺南大学に進学しました。二〇一四年の雨傘運動における学生リーダーの一人となります。

二〇一六年に羅冠聡は香港衆志（デモシスト）の党首として、立法会議員に当選しています。香港史上、最年少の議員でした。しかし、翌年、議員資格をはく奪され、投獄されました。釈放されてのち、二〇二〇年にイギリスに亡命しています。

同じ民主派であっても、香港在住の女性ジャーナリストのカレン・チャンの見方は少しちがっています。イギリス植民地時代を賛美するようなことはありません。

チャンは深圳出身の父と武漢出身の母とのあいだに生まれてすぐ、香港にやってきました。彼女が四歳のときに、香港が中国に返還されます。

小学校はインターナショナル・スクールでまなびましたが、中等学校からは公立学校に移ることになりました。そこでインターナショナル・スクールに通う生徒と公立学校に通う生徒とのあいだにある差別的感情も経験しています。

チャンは英語で文章を発表していますが、「植民地支配者の言語」である英語で書くことは「母語に対する絶対的な裏切り」だと、自省的にのべています。


香港では英語は今も階級差別的な面を持つ言語だ。

わたしたちがイギリス的なものすべてに好意を寄せるのは、今もなお香港に残る植民地気質故なのだ。

（カレン・チャン著・古屋美登里訳『わたしの香港——消滅の瀬戸際で』亜紀書房、二〇二三年）

中国が改革開放したばかりのころ、香港と中国本土とのあいだには大きな所得格差がありました。

チャンは、そのころの中国にたいして香港人がもっていたみずからの優越感にもきびしい目を向けています。「富への最初の一歩を踏み出したばかりの中国に対する香港人のうぬぼれに満ちた優位性」ということばで、それを表現しました。

宗主国イギリスにたいするあこがれと、貧しい中国本土にたいする優越感とはうらはらの関係にあります。その二つが相まって、「香港人の植民地気質」を形成していたといえます。

私が一家で香港に駐在していたころ、子どもたちは香港日本人学校にかよっていました。ある日、英語の時間にイギリス人の教師からアンだとか、スティーヴンだとかそれぞれ英語名をつけられたそうです。親のつけたりっぱな名前があるのに、どうしてそんな名前をつけるのか、釈然としませんでした。

そういえば、私の知る香港人の多くは英語名をもっていました。それも植民地気質の一つではないでしょうか。

台湾や中国大陸の友人にこのことを話したら、最近では台湾にも中国にもそういう人がいると一笑されてしまいましたが。

この植民地気質は、他のイギリス植民地でもみられたことです。

周知のように、ガンディーはイギリスの植民地支配にたいする非暴力の不服従運動をひきいたインドの指導者です。

ガンディーはイギリスへの留学や南アフリカでの人種差別反対運動をへて、一九一五年にインドに帰国します。このとき、ガンディーはつよい危機感をいだいたといいます。なぜなら、長きにわたる植民地統治下にあって、インドの民衆がすっかりヨーロッパ人にたいする劣等感におおわれてしまっていたからです（間永次郎『ガンディーの真実——非暴力思想とは何か』ちくま新書、二〇二三年）。

イギリス統治の終焉《しゅうえん》

香港の民主派の一部にみられたイギリス統治期を賛美するような風潮にたいして、中国大陸の人たちはあまりいい気分ではなかったにちがいありません。なぜなら、植民地時代の香港に民主主義があったわけではないからです。

イギリスは宗主国として絶対的な権力をにぎっていました。香港トップの総督も政府高官もイギリス人です。

そもそも、植民地主義そのものが民主主義の原則に反しています。

一九四九年に成立した中華人民共和国を、イギリスが承認したのは一九五〇年です。西側諸国のなかでイギリスがいちばん早い。それは、植民地香港の権益を失いたくなかったからです。

香港政府トップの行政長官が香港人から選ばれるようになったのは、香港が中国に返還されてのちのことです。返還後の香港の行政長官は、「選挙委員会」によって選出されるようになりました。

ここで、選挙委員会は四つの職能別団体の代表一二〇〇名(二〇二一年から一五〇〇名)で構成される機関で、香港トップの行政長官や中国の全人代に参加する香港地区代表を選出します。職能別団体とは、①香港の工商業界、②弁護士などの専門家組織、③労働組合などの基層組織、④議会および政府、の四つです。それぞれの団体の代表たちによって構成される選挙委員会は、一般の香港市民より多くの政治的権利をもつ「特権階級」といえます。

いわば職能別のエリートによる間接選挙であって、普通の直接選挙ではありません。しかし、たとえ選出方法に問題があるとしても、イギリスの植民地時代よりはまだましだといえます。

香港の生活言語は広東語ですが、イギリス統治下ではずっと英語が公用語でした。一九七四年になってようやく中国語も公用語に加えられましたけれども。

一九八四年の中英共同声明によって、一九九七年に香港を中国に返還することが決まりました。このときに返還後は、香港特別行政区として五十年間は「一国二制度」を維持し、「港人治港」(香港人による香港の統治)を実施することになったのです。

植民地主義を終焉させたことに鄧小平はふかい感慨をおぼえたことでしょう。一九九七年七月一日の香港での返還式典に出席することをつよく望んでいました。しかし残念なことに、そのわずか五ヵ月前に鄧小平はこの世を去らねばなりませんでした。

一九九二年に最後の香港総督として、イギリス保守党の重鎮であるクリス・パッテンが送りこまれてきます。当時、私は香港に駐在していましたが、香港メディアの多くがパッテンを歓迎するムードにあふれているように感じました。

香港総督は従来、イギリスの外交官が当てられてきたので、政治家が就任するのは異例の人事です。イギリス本国では保守党の幹事長として選挙勝利に貢献しながら、みずからは落選してしまったパッテンをねぎらうためでした。

香港総督になったパッテンは中国への返還がせまるなかで、立法局の一部を直接選挙にするなどの政治改革をしました。しかし、これは香港の民主化に部分的に手をつけただけのことです。いわばイギリスの置きみやげ、イタチの最後っ屁です。

これらのことからわかるように、イギリス統治の時代に「港人治港」があったわけではありません。

イギリスは本国では議会制民主主義の範たる国ですが、こと香港の民主主義にかんしてはそれを語る資格があるとは思われません。

香港の民主化デモの一部にみられたイギリス国旗をかかげるような行為は、香港の民主主義の未熟さ、あるいはゆがみを象徴しているといえないでしょうか。その根底には香港人にまつわる植民地気質が深くかかわっています。

3　植民地主義をどうみるか

日本の台湾統治時代の評価

近年における日本の言論のなかには、植民地主義を肯定的に評価し、宗主国は植民地の発展に寄与したのだという見方があります。

たとえば、日本の著名な開発経済学者にして拓殖大学学長の任にもついた渡辺利夫は、「日本による台湾統治は、経済社会の文明化の観点からみて欧米列強の支配下におかれていた往時の他の植民地のいずれに比べても、圧倒的な成功例だと言っていい」とのべています。

渡辺によると、清国から割譲された当時の台湾は「難治の島」であり、「土匪《どひ》」と呼ばれる反日武装勢力、アウトロー集団の跳梁《ちょうりょう》、アヘン常習吸引者、熱帯病などの難題をかかえていた。その解決にむけて動き出したのは、総督・児玉源太郎、民生局長・後藤新平が着任して以降であったといいます。

さらに、渡辺は日本統治時代に台湾の社会秩序と社会規範が形成されたとして、次のように論じています。

土匪の制圧、アヘン禍の駆逐、熱帯病の克服、鉄道・港湾などのインフラ建設、土地調査事業とこれにもとづく徴税基盤形成などには膨大なエネルギーが注入されたが、その成果にも著しいものがあった。教育を通じて日本の社会秩序と社会規範が導入され、何より日本語という共通語が用いられるようになったことが、台湾の社会統合を促す重要な要因であった。

（渡辺利夫「反日の韓国　親日の台湾――何が対照をもたらしたのか」『日中経協ジャーナル』二〇二二年四月号）

たしかに日本の統治下でおこなわれた台湾のインフラ整備や各種の社会事業などのなかには、すぐれた成果をおさめたものもあります。

児玉・後藤は拓殖計画を進めるため、一九〇一年に新渡戸稲造を台湾総督府の殖産局長として招へいしています。前述したように、新渡戸は札幌農学校の出身です。新渡戸は海外視察の見聞をへて「糖業改良意見書」を提出しました。サトウキビの品種改良、道路・鉄道や灌漑の整備、製糖工場の建設などを柱とする振興策です。

この方策によって、台湾の糖業とインフラ整備は飛躍的にすすみました。

当時、台湾総督府の土木技師であったのが八田與一《はったよいち》です。八田の指導のもとで築造された烏山頭ダムや嘉南用水路は台湾の農業振興に貢献しました。八田の業績は台湾では教科書にのるくらい、高く評価されています。

教育分野では、嘉義《かぎ》農林学校の野球部が、一九三一年の甲子園の中等学校大会で準優勝した話もあります。漢人、台湾先住民、日本人の混成チームでした。エースで四番の呉明捷《ごめいしょう》は客家の出身です。

愛媛県松山市出身の近藤兵太郎《ひょうたろう》が同校野球部の監督でした。二〇二四年に近藤は台湾の野球殿堂（台湾棒球名人堂）入りしています。

嘉義農林の健闘をたたえた映画『ＫＡＮＯ　１９３１　海の向こうの甲子園』（馬志翔・監督）は二〇一四年に台湾で大ヒットしました。日本でも上映され、大いに話題となりました。

この映画をみて、台湾チームの活躍に喝さいを送り、感動の涙をながした日本人の観客も多かったことでしょう。私は当時、札幌に住んでいましたので、札商（現、北海学園札幌高校）との準々決勝のシーンがつよく印象にのこっています。

甘耀明は台湾の客家出身の作家です。台湾の先住民族の子どもたちが日本の植民統治下でどのように野球に親しみながら成長していったか、その純粋な行動とともに彼らの屈折した思いをつづっています（甘耀明著／白水紀子訳『真の人間になる』白水社、二〇二三年）。

インフラ整備や教育分野などで一定の成果があったといえ、台湾において日本がおこなったそれらの事業はあくまで日本の支配を貫徹するという目的があってのことです。台湾住民の福利厚生や人間的成長を第一に考慮したものではありません。日本の植民地支配を肯定的に評価することはけっしてできません。

一九三〇年の台湾霧社事件がなぜおこったのかを想起すれば、おのずと明らかです。日本の台湾統治がはじまってから三十五年もたってからのことです。日本の統治が行きわたっていなかったからだという言いわけは通用しません。

台湾霧社事件

一九三〇年一〇月二七日、台中州能高郡のセデック族（当時はアタイヤル族とされていた）霧《む》社蕃《しゃばん》の三百余人が役所や駐在所や学校などを襲撃したのがこの事件のはじまりです。日本人一三四人が殺害され、銃・弾薬、家具、衣類などが強奪されました。

日本軍や警察が鎮圧にのりだし、一二月までに蜂起側の戦死者は三四三人、自殺者は二九六人、投降者は五六四人をかぞえました。

この霧社事件については、前出（第Ⅲ章）の戴國煇《たいこくき》の詳細な研究（『台湾霧社蜂起事件――研究と資料』社会思想社、一九八一年）があります。

前出（第Ⅰ章）の黒島伝治は、帝国主義がもつ矛盾の構造を鋭くあばいています。そこでは、貧しい階層出身の若者が軍隊に入れられ、戦争にかり出され、植民地で貧困にあえぐ人々に銃口をつきつけているのです。

台湾霧社事件について黒島伝治は次のように書きました。

台湾の蕃人に対しては、日本帝国主義のやり口は一層ひどかったのだ。強制的に蕃人の作ったものを挑発したのだ。潭水湖《たんすいこ》の電気事業工事のために、一日十五、六時間働かして僅かに七銭か八銭しか賃金を与えず、蕃人に労働を強要したのだ。そしてその電気事業のために、蕃人の家屋や耕作地を没収しようとしたのだ。蕃人の生活は極端に脅かされた。そこで、蕃人たちは昨年十月立ち上った。すると、日本帝国主義は軍隊をさしむけ、飛行機、山砲、照明砲、爆弾等の精鋭な武器で蕃人たちを殺戮しようとした。その蕃人征伐に使われたのも兵士たちだ。

（「入営する青年たちは何をなすべきか」『戦旗』一九三二年一月号。＊は当時、伏せ字。前掲、『黒島伝治作品集』）

台湾霧社事件のおこった、まさにその翌年には、先住民族に心を寄せ、軍隊による弾圧を批判した日本人がいたことに現代のわれわれは少しだけ救われる思いがします。

日本の植民地支配がその土地の住民から肯定的に評価されないのは、台湾だけにかぎったことではありません。韓国・朝鮮、満洲・中国でも同じです。

これらの地域には、日本が文化的支配をつよめるために、台湾神社や日本神社などを建てていましたが、いずれも戦後にとり壊されています。「日本精神が植民地住民の社会規範となった」などとはとてもいえません。

フィリピン史研究で知られる梅原弘光は二〇二三年に不帰の客となりました。病臥しながらも研究をつづけ、その遺著でスペインによるフィリピン侵攻の歴史的経緯について検証しています。

梅原はそのなかで、植民地主義を肯定する見方にたいして次のように反論します。

研究者の中には、植民地主義は歴史という強大で抗し難い流れの中で、資本主義発展には回避することのできなかった歴史的事実であり、すべてを受容する他ないとするものもいる。だからと言って「力は正義なり」を是とする植民地主義を容認し、その歴史をわれわれが忘れ去ることは、現代世界が直面する重要諸問題の理解を著しく損傷することにならないであろうか。

アジア、アフリカ、ラテンアメリカからの欧州連合（EU）、あるいはアメリカ合衆国への移民・難民の流入問題も、またアジア諸国からの海外出稼ぎ、人材流出問題も、根源はすべて植民地主義のもたらした歴史的産物である。この点を明確に認識しない限り、植民地主義の直接受益者を放免してアジア、アフリカ、ラテンアメリカの低開発諸国政治指導者を悪者にするだけでは、問題の根本的解決から遠ざかるだけであろう。
（梅原弘光『スペインはなぜフィリピンを占領したのか？——群島占領・植民地支配・住民の抵抗』書籍工房早山、二〇二三年）

長い引用になりましたが、途上国の歴史をふまえ、地域の立場にたってかんがえる梅原ならではの論述です。地域研究者としての識見に裏づけられています。

4　香港の自立のディレンマ

香港の二つの自由

香港中文大学の徐明珠によると、次のように返還前の香港には「二つの自由」があったといいます（インタビュー記事『朝日新聞』一九九七年七月一日）。

一つは、イギリスの植民地としての自由。高官のポストはイギリス人が独占するかわりに、不満を発散させるための文句をいう自由は認められ、それがマスコミの発達をもたらした。

もう一つは、経済分野における自由放任主義。企業活動に政府は口出ししないが、そのかわりに支援もしない。倒産するのも自由である。

徐明珠は、この二つの自由こそが「香港の財産」であるといっています。それは、「政府に期待するのではなく、自力でチャンスをつかんでいこうとする気質、気概」です。

「二つの自由」論の徐明珠は、「香港が中国をいたずらに反発させても得るものはない」としたうえで、「一国二制度が揺らぐ事態を引きおこすのではなく、香港が自らの経済力を高めることで、中国を変革していくためのインパクトを与えていけるかどうかが問われている」と前掲のインタビュー記事をむすんでいます。

同じようなことは、「境界人」として生きた前出の戴國煇もいっていました。「香港キンタマ論」というものです。

戴國煇は二〇〇一年、七十歳で他界しています。アジア経済研究所で戴の同僚であった小島麗逸の追悼文によると、戴の香港キンタマ論は次のようなものでした（「求道者としての歴史家・戴國煇先生」『世界』二〇〇一年五月号）。

人体に吸いこんだら精子が体熱で死んでしまう。外にぶらさがっていることで機能する。ただしそれは人体から分離したり、独立したりすることではない。自立することだけだ。

ここで小島麗逸は、「自立することという最後の一句が重要である」とのべています。戴の論は結局のところ、香港も台湾もきつくしばりつけると中国全体をダメにしてしまうことになるし、かといって野放しにするのもよくないということを意味しているのではないでしょうか。

金庸の離反

前出の武侠作家、金庸は香港の中立系新聞『明報』の創立者でもあります。一九六七年の香港暴動のときにはそれを批判する論陣をはって、中国系左派の新聞と対抗しました。その後、香港返還が決まると、「香港基本法」起草委や香港特別行政区準備委の委員になっています。香港の政治的安定を優先して中国寄りの姿勢をしめしたため、こんどは民主派から非難されるようになりました。

しかし、一九八九年に天安門事件がおこると、金庸は特別行政区準備委の委員を辞任します。金庸のような人物の離反をまねくとは、中国ももったいないことをしたものです。

『七十年代』、『九十年代』という政論雑誌を創刊した李怡《りい》も、当初は中国寄りの姿勢をとっていました。ところが、天安門事件以降、民主派を支持する方向を鮮明にしていくようになります。とくに二〇二〇年に国安法が施行されると、住居を香港から台湾に移してしまいました。

中国の俗語に、「量小非君主、無毒不丈夫」（度量が小さければ君主にあらず、毒がなければ丈夫たらず）というのがあります。大事を成しとげるにはつよくあらねばなりませんが、大きな度量ももたねばなりません。

香港の民主派にたいする中国の鷹揚《おうよう》な態度が望まれるところです。いまのまま、民主派にたいする弾圧的な姿勢をとりつづければ、「港人治港」が「京人治港」（北京人による統治）や「党人治港」（中国共産党による統治）になってしまいます。

5　香港の相対的地位の低下

深圳《しんせん》の台頭

香港と中国との関係をかんがえるうえで、忘れてならないのは深圳の発展です。深圳は香港の新界地区と境を接する都市ですが、近年の経済成長にはめざましいものがあります。

深圳が経済特区に指定されたのは一九八〇年です。そのころの深圳は人口三二万人で、ひなびた農村がひろがっていました。

私が初めて深圳を訪れたのは一九八五年の二月でした。広大な荒地をブルドーザーが行き来しているだけで、近代的なビルはほとんどみあたりません。こんなのんびりした調子で、経済特区の建設はいったいいつになるのだろうかと心配したものです。

同じ年の十二月、北京の人民大会堂に幹部八千名をあつめて深圳の発展方式についての会議がひらかれました。

そこで、深圳は経済特区として本来、国際市場に向けて輸出を促進するべきなのに、海外からの輸入品を中国国内に転売して利益を得ているとたたかれています。また、当時の首相の趙紫陽が提起した「扇の両面、一つの要」という、深圳の役割についてのスローガンも海外向けか、国内向けかがはっきりしていないと批判されました（小島麗逸・石原享一編『原典中国現代史第3巻　経済』岩波書店、一九九四年）。

そのころの深圳は「軟骨美人」（外貌は美しいが、身体はふにゃふにゃ）ともやゆされています。現在の深圳のように大きく発展するとは思われていませんでした。

深圳が経済特区をはじめたころは、香港のほうが経済力や生活水準の面で圧倒的な優位にありました。中国大陸の人たちにとって、香港は豊かで華やかなあこがれの都会でした。

深圳どころか、広東省全体とくらべても、香港のほうに存在感がありました。中国政治研究の泰斗、中嶋嶺雄が『香港――移りゆく都市国家』（時事通信社、一九八五年）をあらわし、「国家」

として論じたほどです。

私が香港に駐在していた一九九〇年代初めには、中国の改革開放はすでに十数年をへていました。それでも、香港と大陸とのあいだには大きな所得格差がありました。

所得水準の高い香港人が中国大陸から妻をめとったり、愛人をかこったりする例もめずらしくありませんでした。週末になると、香港の人たちが大陸の家族や恋人に会うために深圳の出入国管理所に長い行列をなすのが恒例でした。

当時の香港では、大陸から密入国して宝飾店や銀行をおそう強盗や銃撃事件がマスメディアをにぎわしていました。香港で盗まれて大陸に送られる高級車は毎年、六千台にのぼったともいいます。

香港紙によると、「香港にみられる腐敗現象は珠江デルタにはすべてあり、香港にないものも珠江デルタにはある」(『信報』一九九二年一〇月二三日)。麻薬取引、組織売春、賭博、重婚・蓄妾、マフィア、香港への密出国、密輸の増加は珠江デルタの七害とよばれていました。

珠江デルタとは、香港と隣接する広東省の珠江流域一帯を指し、広州や深圳が中心都市となります。この地域で犯罪や腐敗現象が増加した要因として、香港との大きな所得格差や香港の資本主義の影響をあげることができます。

ところが、改革開放四十年あまりをへて、状況は大きく変わりました。

いまは相対的に香港と深圳との差がちぢまってきています。香港の経済的な優位性は減退し、この地域における香港の中心的な地位は弱まりつつあります。

二〇一九年には深圳の人口は一三四四万人を数え、東京都とほぼ同じ規模に達しています。香港の一人あたりGDPは約五万ドルで、依然として深圳の三万ドルより高いものの、両者の差は縮小してきました。香港の人口は深圳の約半分の七五二万人でしかありませんから、GDP全体の規模ではすでに深圳のほうが香港を上まわっています。

いまや深圳は「北上広深」（北京、上海、広州、深圳）と呼ばれる中国の四大都市の一つです。人口密度は六四八四人／㎢で、中国の都市のなかでいちばん高い。

深圳がこれだけの経済発展をなしとげることができたのは、となりの香港が大規模な投資と企業進出をおこなったからです。香港や海外から製造業や不動産業などが進出してきて、大陸の労働者を雇用して経済を成長させました。

また、香港が国際的な金融・物流・貿易の中心として、この地域を引っぱってくれたからでもあります。

中国の大型企業はいまでは日本企業を追いぬいて、世界五百強企業の上位にひしめいています。これらの企業が世界的な企業となったのは、香港をつうじて国際市場に進出し、香港金融市場で資金を調達したからです。

教育面でも香港の影響がみられます。

深圳には香港中文大学（深圳）があり、二〇二四年三月に開学十周年をむかえます。この大学には、いまでは一万人の学生と院生が在籍しています。

この大学の学長によると、種子は香港中文大学にあり、中国の教育の伝統と西洋の大学の理念とを結びつけて国際的な人材を育成することをめざしています。卒業生の七〇％が世界の大学ランク五〇位までの大学院の修士・博士課程に進学するそうです（『瞭望』二〇二三年一二月一一日号）。

香港第一の財閥、長江グループの李嘉誠は、中国大陸に長江商学院を開設しました。北京本部のほかに、上海と深圳にキャンパスがあり、多くの経営者が研修をうけています。そのなかには、アリババの馬雲（ジャック・マー）やＴＣＬ集団の李東生などもふくまれます。

スポーツの世界でも、深圳のほうが香港より意気さかんです。

ソーシャル・ダンスの国際競技大会も以前は香港でひらかれていましたが、いまでは深圳での開催のほうが大がかりです。テニスやゴルフの国際オープンも北京や上海や深圳でひらかれるようになりました。

これらのスポーツはもともとイギリスの貴族や富裕層からはじまったものです。それらの聖地も、それぞれイギリスのブラックプール、ウインブルドン、セント・アンドルーズにあります。

スポンサー企業がなければ国際大会はとても維持できません。それだけ中国企業が力をつけてきたことがわかります。

他方で、イギリスや香港がそうであるように、中国でもこれらのスポーツをクラブ（倶楽部）でたしなむ富裕層や有閑階級とそうでない庶民との間に格差が生まれています。ソースティン・ヴェブレンもいっているように、有閑階級はみずからの虚栄心をひけらかすために奢侈的消費をおこないます。資本主義に必然的にまつわる性向です。よきにしろ、あしきにしろ、香港型の資本主義は着実に中国大陸に浸透してきました。経済や社会や文化の面で香港は中国を変えていっているのですから、政治の面でも香港が中国大陸へ影響をおよぼしていくことは可能なのです。

大湾区経済圏の成立

二〇一九年二月に中国は、「広東・香港・マカオ大湾区発展計画」を発表しました。香港・マカオの特別行政区と広東省九都市（広州・深圳・珠海・仏山・恵州・東莞・中山・江門・肇慶）とを融合して、大湾区（Greater Bay Area）の経済を発展させようという構想です。

香港は国際的な金融・物流・貿易センターとして、マカオは観光レジャーセンターとして、広州は科学技術・教育・文化センターとして、深圳は技術革新力をそなえた現代的国際都市として、それぞれの特長を発揮することがもとめられています。

二〇一八年九月には、香港・深圳・広州をむすぶ高速鉄道（新幹線）が全線開通しました。香港から北京まで高速鉄道で行けます。

また同年一〇月には、香港・珠海・マカオをつなぐ世界最長の海上大橋も完成しました。全長五五キロのうち、二二・九キロが海上橋、六・七キロが海底トンネルです。

珠海市から香港国際空港までの移動時間は従来の四時間半が四五分に、また同市から香港コンテナターミナルまでの貨物の搬送時間は従来の三時間半が七五分にそれぞれ短縮されました。

ベイエリア域内を「一時間生活圏」にするという構想もまんざら夢ではなくなりました。

広東省の人口はいまや一億二千六百万人で、日本の総人口に匹敵する規模です。広東省・香港・マカオを合わせると、大湾区の人口は一億三千四百万人を超えます（二〇二〇年）。

二〇二三年に大湾区の経済規模（GDP）は一四兆元に達しました。中国の国土面積の〇・六%にも満たない地域が全国GDPの一一%を創出していることになります（『人民網』二〇二四年四月三日）。

大湾区には中国の国家級ハイテク企業が七万五千社も集中しています。IT製品のファーウェイ（華為）、SNSやスマホゲームのテンセント（騰訊）、EV（電気自動車）のBYD（比亜迪）などはテクノロジー分野の最先端をいく企業です。

このような大湾区経済圏の登場によって、香港が中国大陸にのみこまれてしまうのではないかという憂慮も香港住民にはあります。

コロナ禍より以前の香港には、中国大陸からの観光客が大挙して買い物にくるおかげで、買い占めや物価の上昇がおきていると不満をいだく人もいました。

中国で乳児用の粉ミルク汚染問題が発生した二〇一〇年のころ、中国本土の転売業者が日帰りで香港にやってきて、スーツケースに粉ミルクをいっぱいつめ込んで帰っていったものです。深圳と境界を接する新界地区の住民による抗議デモもおきました。

前出の民主派ジャーナリストのカレン・チャンは、香港では中国本土からの政治的圧力だけでなく、経済的かつ社会的な変化が進んでいるといっています。

> 近頃地主たちは実入りのいい薬局やカフェと賃貸契約を結ぶことをためらわず、中国本土の資本が入った企業を進出させるためにビルを解体することもいとわない。香港のポップスターや映画制作者も香港市場を捨て、何億もの視聴者を誇る利ざやの大きい中国を優先し、香港人ではなく中国人のために芸術を作っている。業界に既得権を持つ政治家たちは、本土からの新たな資金にひれ伏し、香港人を苦しめる政策に票を投じつづける。
>
> （前出、カレン・チャン『わたしの香港――消滅の瀬戸際で』）

昨今では逆に、香港から地下鉄にのって深圳まで買いものにいく「北上消費」がさかんになっています（『日本経済新聞』二〇二四年五月二八日）。

香港ドルは米ドルに連動するペッグ制をとっており、人民元にたいして割高となっています。そのため、深圳のほうが香港より値段が安い。しかも深圳には、香港と同じように海外の有名ブランドの店が一通りそろっているうえに、深圳にしかない中国独自のブランド店もあるからです。

6　香港のこれから

香港の民主派の異なる立場

香港の民主派には、「汎民主派」とよばれる伝統的民主派と「本土自決派」とよばれる急進的民主派とがあります。後者の「本土」とは香港のことで、香港のことは香港人で決めようという立場です。

伝統的民主派は中国の一九八九年の民主化運動の影響をうけて登場したものです。中国共産党内部の穏健派とも連携しつつ、香港基本法の枠内で民主化を推進しようとしていました。

したがって、伝統的民主派は香港の立法会選挙や前述の「選挙委員会」に積極的に参加する立場にたっていました。

穏健な伝統的民主派にたいして、急進的民主派は香港自決主義を主張しており、中国共産党との連携を拒否します。

二〇一六年九月の立法会選挙で初めて当選した民主活動家のリーダーたちは、「本土自決派の六人衆」とよばれています。青年新政の梁頌恒《りょうしょうこう》と游蕙禎《ゆうけいてい》、熱血公民の鄭松泰《ていしょうたい》、小麗民主教室の劉小麗、土地正義連盟の朱凱迪《しゅがいてき》、そして前出の香港衆志の羅冠聡をくわえた六人です。

台湾の中央研究院近代史研究所の林泉忠によると、香港の「本土自決派」の六人には共通点があります。それは、中国の統制がつよまることによって香港社会の価値観が失われていくことへの危機感であり、もともとの生活空間や生活様式をまもろうとする姿勢です。

「反共」がこれら本土派六人に共通するイデオロギーです。「反共」という点において、これら六人は香港の従来からの民主派、すなわち伝統的民主派（「汎民主派」）と一線を画しています。

しかしながら、急進的な民主派といっても必ずしも同じ立場に立っているというわけではありません。

これら六人は、自由主義と保守主義、あるいは左派と右派という構図に照らしてみると、立場のちがいがみられます。

青年新政と熱血公民は右寄りで、香港人による民族自決主義と香港独立にかたむいています。

それに対し、小麗民主教室、土地正義連盟、香港衆志は民主主義に傾斜した左寄りの立場をとっています。左派的な立場とは、階級間の平等を重視し、底辺の民衆の権利と利益を保護し、官と商の結託や大財閥による香港経済の支配に反対するものです（林泉忠『誰是中国人——透視台湾人与香港人的身份認同』時報文化出版、二〇一七年）。

イギリス植民地時代の香港の人権

黎恩灝《れいおんこう》（エリック・ライ）は二〇一〇年、香港中文大学の学生会会長として香港政府や大学当局の干渉に立ちむかい、「新・民主の女神像」を大学構内にもちこむ運動を展開したことで知られています。この像は、天安門事件後の民主化運動二十一周年を記念したものです。

黎は香港生まれの香港育ちで、大学卒業後、ロンドン大学ＬＳＥに留学し、修士学位を得ました。

民主化運動をひきいた黎ですが、香港のイギリス統治時代にもきびしい目をむけています。この点では、イギリス統治時代をたたえる前出の羅冠聡（ネイサン・ロー）とは異なります。

黎によると、一九七〇年代以前の香港はけっして「法治社会」などではなく、「華洋不平等」（中国人と西洋人との不平等）と警察の汚職腐敗がはびこっている社会でした。

中国の文化大革命の影響をうけて、一九六六年と六七年に香港でストライキや暴動がおこったときには、イギリス植民地政府は労働組合や学校を捜索して、左派の労働者や学生を拘禁しました。
イギリス植民地政府は、「法治」の上衣をまとった巧妙な統治をおこなってきました。その最たるものが、香港返還が決まった後の一九九一年に制定された「香港人権法案条例」です。この条例は、香港人の権利意識を強固にし、香港の法律と制度によって法治を実現するというふれこみでした。
しかし、黎は次のように批判しています。

たとえ人権法案があったとしても、香港人が完全な政治的権利を享受したことはない。たとえ香港政府が一九八〇年代に地方選挙をはじめたとしても、香港総督はロンドンで決められ、香港はイギリス議会の管轄下にあるのではなく、王室に直属していた。

黎によると、香港の法治制度は昔日の宗主国イギリスの虚構であったばかりではなく、今日の共産党政権の統治手段としても利用されているといいます。
さらに、黎は中国と香港との関係を夫婦になぞらえて、次のように論じています。

中国と香港とのあいだにはもともと対等な恋愛関係など存在していない。ただ中国とイギリスの命令と媒酌により、香港は中国の欲望を満足させる側女《そばめ》とされた。

（黎恩灝『破解香港威權法治——傘後与反送中以来的民主運動』新鋭文創、二〇二一年）

香港の黎恩灝といい、前出の台湾の呉安家といい、中国との関係を夫婦関係にたとえて論じるのが好きなようです。しかも、二人とも中国による「家暴」（ドメスティック・バイオレンス）の脅威をとりあげています。

ここで私は思うのですが、中国と香港や台湾との関係は夫婦関係になぞらえるよりも、親子関係にちかいとみるべきではないでしょうか。

夫婦はもとをたどればあかの他人が意気投合していっしょになっただけですから、二人の心が離れたならば夫婦をやめてもかまいません。しかし、親子はどれだけ反目しあっても、赤ちゃんがこの世に生をうけてからずっと親子ですから、その縁としがらみは容易には断ちきれません。

それでは親が子の世話をするという一方的な保護・被保護の関係になるのではないかと反論が出そうですが、親が年老いてくれれば、子が親の面倒をみるというばあいもあります。

中国が保護者であるとはかぎりません。長い年月をへてくれれば、香港や台湾が中国をよりよい社会へとみちびいていくこともできるのです。

香港の課題

イギリス人のレオ・グッドスタットは、返還前の一九六〇年代から香港大学やファー・イースタン・エコノミック・レビュー誌ではたらき、長きにわたって香港の変化をみてきました。

彼によると、返還後の香港政府はレッセ・フェールの市場原理主義を妄信したために行政サービスの低下をまねいたといいます。

それは、財政予算と公務員の削減、公営住宅の劣化と供給不足、年金・医療制度の不備、副学士制度による高等教育の質の低下などにあらわれています（曽根康雄監訳『香港　失政の軌跡』白桃書房、二〇二一年）。

そうした社会的な不安や住民の不満も香港の民主化デモの背景にはあります。

香港はどのような社会をつくっていきたいのか。「香港の人口の半数が医療保険に入っていない」（カレン・チャン）という現実にどう向きあうのか。

これまでどおりのレッセ・フェールの資本主義でいくのか。欧米志向の民主化でよいのか。

前述したように、黎恩灝は大学時代に学生会の会長として、民主化運動の一端を担ってきました。ロンドン大学ＬＳＥへの留学をへて、黎の認識には変化が生じます。

黎はみずからの思想をふりかえって、次のように疑問を投げかけます。

もしわれわれのかちとる民主が私有財産と市場放任と資本家独占の新自由主義を擁護するだけで、富の再分配や、民衆と少数の高貴な権力との関係をそのままにするならば、これがわれわれのもとめる民主といえるだろうか。

社会と経済の権利にかんする多くの法理論にふれてみて、なぜ香港の民主化運動が民主、自由、人権、法治をかかげて、分配の正義を論じないのかがわかってきた。その一つの原因は、一九九一年「香港人権法案条例」がとりいれている国際人権基準にある。そこには、公民の政治的権利があるだけで、家屋居住権などの社会経済的権利は人権法の枠のなかにくみこまれていない。それらは単なる政権の施しとしての福祉とみなされている。

（前出、黎恩灝『破解香港威權法治——傘後与反送中以来的民主運動』）

このような観点をふまえたうえで、国安法の公布によって民主派勢力にたいする中国からの圧力がつよまるなか、投降、逃亡、さらには直接対決のほかにもまだ別の選択肢の可能性があると、黎は主張します。それには民主化運動内部で分派抗争をすることなく、伝統的民主派、新世代、社会運動組織、および市井の人々をつなぐ団結力を維持していくことが重要だともいっています。

三十歳代前半の若手ジャーナリスト、何林藍は「政権転覆共謀罪」で逮捕されました。何は獄中で、次のようにのべています。

反抗と非妥協のいかなる空間も放棄しない。これはみずからが一人で向きあわねばならないことである。

（二〇二一年三月三一日）

また、七十歳代の大学教授で、民主党の立法会議員でもあった楊森も、「公安条例違反」で一四ヵ月、収監されています。楊は以下のような決意を表明していました。

民主、法治、人権、そして自由をかちとるために私は持ち場を堅持していく。あきらめるはずがない。

（二〇二一年四月七日）

香港において民主派の活動がむずかしくなった情況のもとで、香港人の民主化運動の持続と市民的抵抗をテーマにした本が台湾で出版されました（何明修主編『未竟的革命香港人的民主運動与日常抵抗』左岸文化公司、二〇二四年）。

米ジョージタウン大学のアジア法センター研究員となった前掲の黎恩灝や台湾の政治大学の客員教授となった陳健民も執筆しています。陳健民は香港中文大学であったころから、雨傘運動などの民主化運動をひきいてきたリーダーのひとりです。

陳によると、国安法によって組織的な抗議行動はおさえこまれたけれども、香港人は私的空間でも公的空間でも初心をたもちつづけており、海外に移った香港人とともに「受難の共同体」という意識を形成しているといいます。

香港の自治がきびしく制限されるなかでいかに民主を追求していくのか、香港の民主派の強《きょう》靭《じん》さと成熟度が問われるところです。

第Ⅴ章　中国とどう向きあうか

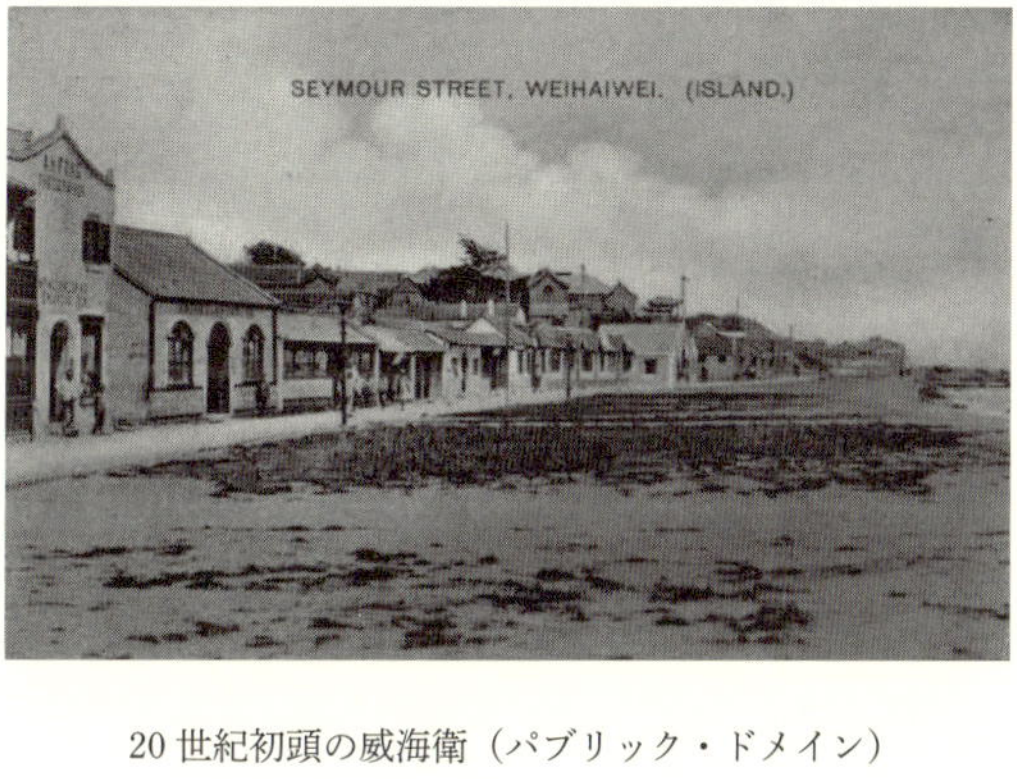

20世紀初頭の威海衛（パブリック・ドメイン）

以上のところで、台湾や香港と中国大陸との関係について、歴史的な経緯と具体的な事情をふまえながらみてきました。

中台関係も香港の民主化も、戦争や武力衝突で一気に解決できるような問題ではありません。それぞれの歴史と事実関係を解きほぐしつつ、地道に対処していくしかないのです。

本章では、習近平政権の下で強権的姿勢をつよめつつある中国とどう向きあうかについてかんがえます。

1　中国とアメリカの応酬

「民主主義サミット」と中国の反発

二〇二一年一二月九日から二日間にわたって、アメリカのバイデン大統領が主催する「民主主義サミット」がオンライン形式で開かれました。

この会議には一一〇の国と地域が招待されました。ヨーロッパの主要国や日本、韓国、インドのほかに、台湾も招待されています。

他方、中国やロシアは招待されていません。アジアでは、タイ、ベトナム、シンガポールも招待されませんでした。

バイデン大統領は、民主主義をまもるために、自由や人権という価値観を共有する勢力の結集をよびかけています。

それにたいして、中国は一二月四日に『中国の民主』と題する白書を発表して対抗しました。白書には、あらまし次のような内容が書かれています。

民主は全人類共通の価値である。しかし、民主はそれぞれの国の歴史と文化の伝統に根ざしたものでなくてはならない。

中国は、労働者階級が指導する労農同盟を基礎とする人民民主独裁の社会主義国家である。民主と独裁は矛盾してはいない。政権の転覆《てんぷく》をはかり、国家と公共の安全をおびやかす、ごく少数の者をたたくのは大多数をまもるためであり、独裁は民主を実行するためである。

中国では、議会に相当する全国人民代表大会が唯一の立法機関であり、最高の権力機関である。ここで、国家主席や国務院総理などの人事も決められる。

人民代表大会の代表は、県と郷レベルでは直接選挙で選ばれ、それより上のレベルでは間接選挙で選ばれる。直接選挙の投票率は九〇%前後で推移している。

政党は中国共産党のほかに、八つの民主党派があり、政治協商会議で多党派協力を実現している。

一五五の少数民族自治地区では、人民代表大会常務委の主任か副主任、また地方政府の主席、州知事、県知事はそれぞれの自治地区の主たる民族の者が就任する。

人民には選挙権と被選挙権があり、言論、出版、集会、結社、デモ、宗教信仰の自由が保障されている。

中国には「中国の民主」があり、他国が説教し、指図すべきことではない。

さらに中国は翌日には、『アメリカの民主の情況』という外交部の文書も発表しました。それによると、初期のアメリカの民主主義は革新的な模範とするべきものであったが、現在では民主主義は形骸化して、以下の三つの弊害があると批判しています。

① 金権政治とエリート支配に陥っている。政治献金は「合法的なワイロ」と化し、カネとロビー団体が政治を動かしている。
② アメリカ連邦議会への乱入事件が発生したように、民主主義の実践に混乱がみられる。また、警官による黒人男性の殺害やアジア系に対する人種差別がある。

③　アメリカの民主主義の輸出は失敗に終わった。アラブの春、アフガン攻撃、イラク戦争、シリア内乱などで多くの死者や難民を出し、人道上の悲劇をもたらした。

以上の点をあげたうえで、この文書はアメリカにたいし、国際社会が直面している新型コロナ、経済の停滞、気候変動の危機にともに立ちむかおうではないかとよびかけています。

このように、政府の公式文書のうえでは、中国も民主主義が普遍的な価値をもつことを認めています。強権的な独裁政治のほうが民主主義より正当であると強弁しているわけではありません。

また、運命共同体として世界共通の課題にともに取りくむ意思のあることも表明しています。少なくとも、西側世界と同じ価値観を共有しようという姿勢をしめしているといえます。

この姿勢は、中国がかつての教条主義的な社会主義のイデオロギーを振りかざしていた時代とは異なっています。改革開放以降の中国の変化をあらわしています。

その点では、中国が民主主義にかんする前掲の二つの文書を発表したのは意義のあることです。民主主義のありかたについて、中国はアメリカと大いに論じあい、競いあってもらいたいものです。

しかしながら、これらの文書は国際社会が懸念している新疆やチベットなど少数民族地区における人権抑圧、香港における民主派の排除、国内における人権派弁護士の勾留などの問題については説明していません。

たしかに中国の現憲法には言論・出版・集会・結社・デモの自由（第三五条）や信教の自由（第三六条）が記載されていますが、実際にそれらの権利が保障されているかどうかが問われているのです。

中国政府は新疆のテロ防止についての白書（二〇一九年）や人権白書（二〇二一年）も発表していますが、中国の反論が説得力をもつためには、少数民族の権利保護や人権の尊重という課題に正面から向きあわなければなりません。

2　中国のアキレス腱

中国の少数民族問題

新疆ウイグル自治区やチベット自治区など少数民族地区の問題は、中国にとってのアキレス腱となっています。政治、経済、社会、歴史、宗教、文化、国際関係などの複雑な要因がからみあっており、容易には解決法を見いだすことはできません。

新疆には、この地域の独立をめざしてきた歴史があります。二一世紀になって、ウイグル族と漢族とのあつれきが激しくなっています。

二〇〇九年のウルムチ騒乱、二〇一四年の昆明における無差別殺傷事件、ウルムチでの自爆テロ事件など、多数の死傷者を出す事件も発生しました。

中国政府はテロにたいする厳戒態勢をしいて、街の各所や道路の要衝などに武装警察を配置しています。

中国がウイグル族にたいして強権的に抑圧ばかりしているように日本では報じられていますが、中央政府がこの地区への支援について手をこまぬいているわけではありません。

ウイグル族の住民の比率が高い南新疆のカシュガルやホータンなどの地区にたいしては、地区財政支出の八～九割が中央財政から補助金として投入されています。経済の発展している東部の沿海地区から新疆各地へ無償支援プロジェクトもおこなわれています。

新疆の対外開放も、経済技術開発区やニューハイテク産業開発区の設置など、他の地区と同じようにすすんでいます。とくに国境を接する中央アジア諸国との貿易がさかんです。

観光業でも内地から年間五千万人近い観光客が押しよせています。外国からの観光客は多くありませんが、それでも中央アジア諸国からは年に百万人以上の人たちが入ってきています。

一年に五千万人もの観光客が新疆に来るとはにわかには信じられなかったのですが、現地を訪れてみてさもありなんと思いました。

カナスは新疆の北端にある国家級自然保護区です。二〇一五年九月末に私たちが訪れたときには、初雪が降ってこごえるような寒さでした。

ところが、自然観光遊覧区のゲートは入場制限をするほど、観光客であふれかえっていました。みな争って中に入ろうとして、割りこんでくる人も少なくありません。

前年にウルムチ市内で自爆テロ事件がおこっているのですが、そんな影響を感じさせないほどでした。

自然保護区の周囲にはカザフ族の農家が点在しています。小雪の降る寒さのなか、庭先で羊を解体している農家もありました。日常の暮らしを営む人々は忙しく働いています。

けっして強権的な鎮圧とテロとの応酬によって、民族紛争を解決するための答えが出るわけではありません。世上のことは一筋縄ではいきません。

中国は寛容な態度でもって、長期的な視野から歴史と現実にてらして、ねばり強く民族の平和共生の道をさぐっていくしかないのです。

武漢と新型コロナ

新型コロナによる今回の世界的な感染爆発は、よく知られているように中国の武漢から始まりました。

その点では、中国は感染源や病原菌、あるいは症状や抗体などについてのくわしい情報を世界に提供する義務があります。

中国科学院の武漢ウイルス研究所は一九五六年に設立された伝統のある研究機関ですが、ここからコロナウイルスが流出したのではないかとの疑惑がもたれています。一度はWHOの専門家チームが現地調査に入り、報告書も作成しました。しかし、調査チームにたいして感染源を判断できるだけの十分なデータや検体が提供されていないと、各国から懸念が表明されています。

李文亮は、武漢市中心病院の医師でした。二〇一九年末、李はいちはやくコロナウイルス感染の発生を察知し、市内の海鮮市場で七人の患者が出たとSNSで知らせました。ところが、この件について武漢市政府から感謝されるどころか、李は市公安局からよび出され、デマを拡散した罪で訓戒処分に処せられたのです。

その後も李文亮は医師として勤務をつづけるなか、みずからもコロナに感染してしまいます。半月ほど病床に伏したのち、李は亡くなりました。

この李文亮の死にたいして、中国の民衆からネット上に哀悼のメッセージが多く寄せられ、武漢市当局のあつかいにたいする批判が噴出しました。

新型コロナ感染がはじまったころ、当局が力を入れたのは感染拡大を防止することではなく、事態を過小評価し、騒ぎを大きくしないようにすることでした。その初期対応のまちがいが武漢市や中国国内どころか、世界的な感染爆発へとひろがっていく要因となったのです。

武漢市政府が本格的な対策にのりだすまでの二十日間を、中国の独立系メディアは怒りをこめて「失われた二十日」とよびました（大熊雄一郎『独裁が生まれた日――習近平と虚構の時代』白水社、二〇二四年）。

中国がこの事件の教訓を活かすのであれば、中国は行政管理の透明性を確保し、言論や報道の自由にもっと寛容であるべきです。

中国は国土が広大で人口も多い。中国の面積はヨーロッパとほぼ同じですが、人口はヨーロッパの二倍ちかくになります。

ヨーロッパは五十の主権国家に分かれているのですが、中国は一つの国としてまとめていかねばなりません。しかも、地域格差や所得格差のはなはだしい社会です。

中国が統一と安定を維持するのは容易でないことは理解できます。暴動やテロがおきれば、収拾がつかなくなるほどの混乱がひろがる可能性も否めません。

しかし、あまりにも厳格で硬直的な情報統制をしいていては、のびやかな独創性のある文化や創造的で革新的な科学技術はそだちません。市場機能の融通性をそなえた活発な経済発展もできません。

戦時期の日本や旧ソ連のように道を誤り、長期にわたる将来の発展の芽を摘むことにもなりかねません。

せめて、中国には一九八一年の第二回目の党「歴史決議」にある個人崇拝の禁止と集団指導体制の堅持をまもってもらいたいものです。

昨今の日本も原発事故をおこしたり、行政の幹部が公文書の改ざんを指示したりしているので、中国ばかりを批判することはできませんが。

中国のさらなる変化をうながしたいのであれば、日本も変わらなければなりません。アジアの人たちからみて、日本みずからが魅力的な国だと思われるようになるのが先決です。

3　中国への対応

中国社会におきている変化

毛沢東時代の中国と改革開放以降の中国とでは、大きな変化がおきていることはいうまでもありません。

シンガポールの官庁エコノミストのキショール・マブバニによれば、中国は改革開放によって経済的にゆたかになっただけでなく、市場経済の価値観をとり入れ、多くの留学生を海外に送るようになりました。

トランプやバイデンなどのアメリカの大統領は、中国の経済発展が中国の膨張主義と強権体制を助長してきたと非難し、中国との経済交流を遮断する方向に動こうとしています。しかし、このような見方は中国社会におきている根底的な変化をみていません。

たとえば、二〇二〇年五月に中国の全人代は「民法典」を採択しました。中国の民法典は総則、物権、契約、人格権、婚姻家庭、相続、権利侵害責任という七編から構成される法体系です。改革開放以降になって、民法分野では民法通則、物権法、担保法、契約法、相続法などの個別の法律は制定されていましたが、民法典として体系化されたのははじめてです。

民法とは私人相互の生活関係一般に妥当する基本的なルールを定めたものです。そこでは、近代ヨーロッパ大陸法典にみられるように、国家と対峙する市民社会における個人人格の自由・平等と、所有権の絶対的不可侵の精神がつらぬかれています。

民法は権利能力平等の原則、私的自治の原則、所有権絶対の原則にもとづき、個人の権利と自由を保障するものです（潮見佳男『民法（全）』有斐閣、二〇一七年）。

中世の封建社会からブルジョア商品生産社会への転換は封建的な身分制を否定し、法律のうえでは市民間の平等な関係をもたらしました。しかし、資本主義の市場経済のもとで、ブルジョアジー（資産階級）とプロレタリアート（無産階級）とのあいだには持てる者と持たざる者との格差があり、実質的な不平等が存在します。

このような実質的な不平等をもたらす市民社会の市場取引や所有をめぐる法的関係は、マルクス主義の立場からは「ブルジョア的権利」といいます（マルクス『ゴータ綱領批判』）。

中国の毛沢東時代には、この「ブルジョア的権利」は否定すべき、マイナスのものとされてきました。

現在の中国では、それが「民法典」として合法化され、体系化されてきたのですから、中国社会に大きな変化がおきているといえます。資本主義の市場経済の原理と価値観が市民生活に深く浸透しているあかしです。

余談ですが、半世紀ほど前に一世をふうびした佐賀潜は元検事にして、弁護士と推理作家の二足のわらじをはいた人です。

佐賀によると、第一条から最後の第千四十四条まで、民法はつまるところ「男女間の問題と金銭問題」を規制し、ルールを定めたものだということがわかるといいます（佐賀潜『民法入門』光文社、一九六七年）。

バーや呑み屋のつけは一年たったら払わなくてもいい（民法第一七四条）などというのは、恥ずかしながら私は知りませんでした。

いまや、中国の一般の市民もゴルフやテニスや社交ダンスなどの「ブルジョア的スポーツ」をやり、オンラインゲームやディズニーランドなどの娯楽産業に興じ、株や不動産や骨董などの投機に熱をあげています。マッチングサイトによる婚活もさかんですが、「三無」（持ち家なし、クルマなし、貯蓄なし）の男性は相手をみつけにくいというきびしい現実もあります（エヴァン・

オズノス著／笠井亮平訳『ネオ・チャイナ――富、真実、心のよりどころを求める十三億人の野望』白水社、二〇一五年）。

中国もカネと色恋沙汰でもめるフツーの社会になりつつあるということではないでしょうか。

尖閣諸島問題

日中の懸案である尖閣諸島の帰属問題にしても、双方の言い分をすり合わせてみれば、おのずと妥協点がみえてきます。

日本政府は尖閣が日本固有の領土だと主張しています。しかし、江戸時代の知識人、林子平の『三国通覧図説』では、清国領として色分けされていました。

日本が尖閣諸島を「無主地」だとして、その領有宣言をしたのは一八九五年一月です。日本の領有宣言にたいして清国からなんの抗議もなかったといいますが、そのころは日清戦争の真っただ中です。

当時、日本軍は遼東半島や山東半島にまで侵攻していました。清の北洋艦隊の提督であった丁汝昌《ていじょしょう》は、同年二月に敗戦の責任をとって威海衛の劉公島で自害しています。

勝海舟は丁汝昌と旧知であり、丁の軍艦にまねかれたこともあります。丁の自殺の報に接し、勝は嗟嘆《さたん》することしばらくであったそうです。

次の勝の談話は数日後の新聞にのったもので、自死をえらんだ丁の苦衷をおもんばかっています。つまり、戦時中に敵将の死を悼んでいるのです（前掲、『氷川清話』）。

丁汝昌の境遇のごときは、部下には数年来苦心養成したところの、他日支那海軍の要素たるべき彼《か》の二百名の秀才があり、傍にはいろ〳〵面倒な事をいひ出す雇外人《やとい》があり、これらの処置をつけねばならぬ。むしろ斃《たお》れるまで奮戦せうかといふと、十年素養の二百名を殺さなければならず、それでは降参せうかといふと、自分の良心はどうしても許さない。そこで丁は沈思熟考、支那海軍の将来を慮《おもんぱか》り、自分の面目《めんぼく》をも立て、かつは雇外人への義理から、一身と軍艦とを犠牲にして顧みなかつたのだ。その心の中は、実に憫《あわれ》むべきではないか。

劉公島は煙台市から船で一時間ばかりかかります。私たちが訪れた記念館では、丁汝昌は英雄としてたたえられていました。
もっとも、中国人のあいだでは、必ずしも廉潔でも有能でもなかった丁汝昌よりも、半年前の一八九四年九月の海戦ではなばなしく散った致遠号艦長の鄧世昌のほうに人気があつまっているようですが。

さらにいえば、中国だけでなく、台湾の国民党も民進党も尖閣諸島（釣魚島）は自分たちの領土だと主張しています。

これらのことを考慮すると、尖閣は日本固有の領土で、何ら交渉の余地はないなどと、日本人が胸をはっていえるわけではありません。

石油資源が海底にあると推定されるため、領有権の争いがおきるのですから、共同開発などの知恵をしぼればよいのです。

前述したように、南沙諸島をめぐる紛争においても、中国と台湾との見解が対立しているとはかぎりません。

日本が中国や台湾とどう向きあうかをかんがえるにあたって、興味深いデータがあります。文科省の二〇二〇年データによると、海外の大学で学ぶ日本人長期留学生の数は一位のアメリカが一万一七八五人です。二位は中国で七三四六人、三位は台湾で五一一六人でした。中国と台湾を合わせると日本人留学生の数は一万二千人あまりになり、すでにアメリカへの留学生数をこえています。中国語を話せる若い人材が日本でも育っているのです。

二〇二四年五月、日中韓サミットがソウルで開催されました。四年半ぶりのことです。共同宣言では、ＦＴＡ（自由貿易協定）交渉の再開など、幅ひろい分野で協力することをうたっています。

日本の選ぶべき道は、アメリカとも中国とも経済や文化の交流と相互理解を深め、戦争を回避するにはどうしたらよいかを模索していくことではないでしょうか。

第Ⅵ章　アジア・ビジョンをどう描くか

『三酔人経綸問答』を書いた中江兆民
(国立国会図書館蔵)

これまでのところで、東アジアの武力衝突や戦争を回避するにはどのような方途があるのかということを地理的・歴史的事情を解きほぐしながらかんがえてきました。

反戦非戦の実践はひとり日本だけでおこなえるものではありません。しかし、みずからが率先して反戦非戦への道を歩まずして、世界の国々を反戦非戦へとみちびいていくことはできません。

最後の本章では、日本が魅力ある国になるにはどのようなアジア・ビジョンを描いていくべきなのか、その根っこを何においたらよいのかについてかんがえてみます。

1　反戦非戦と文化力

反戦非戦の系譜をつらぬく義侠心《ぎきょうしん》

第Ⅱ章では、戦前から戦後につらなる反戦非戦の系譜として先人たちの足跡をたどってきました。その系譜をつらぬくものは何でしょうか。

私は、それこそ権力に媚《こ》びない「反骨精神」、あるいは弱きを助ける「義侠心」ではないかと思うのです。

勝海舟もいっているではありませんか。

「おれは超然主義の江戸っ子だから、いばると苦しめたくなるし、弱ると助けたくなる」(『氷川清話』)。

義侠心とは、権力や富におもねることなく、弱きを助けようとする気概であり、強きに抗する反骨の意気地《いきじ》です。しかも、この義侠心は高い見識によって裏うちされています。

義は侠客《きょうかく》の専売特許ではありません。もともとは儒教が大切にする五つの倫理道徳、すなわち「五常」(仁義礼智信)のうちの一つです。

本書には、札幌農学校出身で、独立キリスト教会の創立にかかわった人たちや、その人たちの影響を受けた人物が何人も登場しました。その人たちに共通しているものが敬虔《けいけん》な信仰心ではなく、反骨精神や義侠心だというのは納得できないと思われる人がいるかもしれません。

たしかに、ただ単純に正義感や義侠心をふりかざすのは、青年のロマンチシズムや侠客の独りよがりにありがちなところです。それだけでは反戦非戦の志を実践するのに十分とはいえません。

ここでいう義侠心には、その土台に戦争をしない、させない、武力や暴力にたよらないという反戦非戦の覚悟があります。

また、この義俠心は自国の正義ばかり言いつのるのではなく、相手国の事情もよく理解しようという知の営《いとな》みによって裏うちされたものでなくてはなりません。

内村鑑三は「義」を強調して、こんなこともいっています。

愛は情なり、ゆえに渝《かわ》ることあり。しかれども義は主義なり、ゆえに山岳とともに動かず。義によらずして愛は愛ならず。（一九〇七年）

徳は得なり、利得を目的とする人の道なり。義は義なり、利益を眼中に置かざる神の道なり。徳は政治家によって唱えられ、義はキリストによって伝えられる。（一九一一年）

鑑三は一八九四年に「後世への最大遺物」（岩波文庫、一九四六年所収）と題する講演をおこなっています。そのなかで、メリー・ライオンという女性のことを、「義俠心に充《み》ち満《み》ちておった女」と紹介しています。

彼女はマウント・ホリヨーク・セミナリー女学校を創設し、「他の人の行くことを嫌うところへ行け、他の人の嫌がることをなせ」と生徒たちに教えたそうです。

また鑑三は、「いつでも正義のために立つ者は少数である。この人らは力もなかった、富もなかった、学問もなかったけれども」といっています。義を重んじた彼らしいことばです。

新渡戸稲造もその著『武士道』（岩波文庫）において、義侠心と平和の大切さを語っています。

サムライにとって、卑怯な行動や不正な行為ほど恥ずべきものはない。
血を流さずして勝つをもって最上の勝利とす。武士道の窮極の理想は結局平和であった。

中村哲がキリスト教徒であったことはすでにのべましたが、彼は火野葦平『花と龍』のモデルとなった沖仲仕《おきなかし》の親方、玉井金五郎・マン夫婦の孫でもあります。著者の火野葦平は中村哲の伯父です。『糞尿譚』や『麦と兵隊』などを書いた人で、もとは沖仲仕の労働組合の闘士でした。

侠客とキリスト教には義侠心という縁があるのかもしれません。中村哲は葦平について、こうのべています。

葦平は国のあるべき姿とか天下国家ではなく、仕方なく戦場に送られた兵士の心情を描いた。生きるか死ぬかの場所で兵士がどう苦しみ、どう喜んだのかを追ったのだ。アフガンでも、人間として失ってはいけないものは何かひしひしと感じる。
（中村哲『希望の一滴——中村哲、アフガン最期の言葉』西日本新聞社、二〇二〇年）

もっとも、葦平には日中戦争の従軍中に『糞尿譚』で芥川賞を受賞し、兵隊作家としてもてはやされた過去があります。一九四二年二月のシンガポール陥落を祝った葦平の詩は皇軍の勝利をたたえ、「あまりにもダイレクトに、新しい『古事記』が書かれたと喜んだ」ものでした（辻田真佐憲『「戦前」の正体——愛国と神話の日本近現代史』講談社現代新書、二〇二三年）。

丸山真男と松本健一

では、第Ⅱ章でみてきたように反戦非戦の野太《のぶと》い潮流があったにもかかわらず、なぜ戦前の日本は戦争への道を選んだのでしょうか。

昭和前半期の日本がなぜ無謀な戦争へとつき進み、かつ国民や国土が灰燼《かいじん》に帰すまで戦争をやめられなかったのかについては、すでに多くの論者によって語られています。軍部の独裁、軍閥の跋扈《ばっこ》、政党政治家の無力、軍人官僚の無能、財閥の支配、天皇の責任など、さまざまです。たとえば丸山真男によると、その根本的原因は天皇制にあると論じています。天皇は「国体の核心」として、政治権力の中心であるとともに、道徳的精神的権威の源泉でもありました。

この体制のもとで、組織の上から下へと順番に権威や権力にしたがっていく「無責任の体系」ができあがります。そこでは、個人の自立した判断力や精神的自由も成り立ちようがなかったのです（古矢旬「解説」、丸山真男著『超国家主義の論理と心理　他八篇』岩波文庫、二〇一五年）。

また松本健一のように、日本のナショナリズムの形成を重視する見方もあります。

松本によると、「日本の帝国主義はヨーロッパ帝国主義によるアジアへの侵略によって歴史的に強いられたものである」。つまり、幕藩体制から中央集権的な国民国家へと生まれかわるための思想が、「民族・国家・国民を一体化したイデオロギーとしてのナショナリズム」であったというのです。

松本が見出した昭和史のキーワードは、「統帥権干犯」（天皇の軍事的な統率権を侵犯すること）です。

国民に民主主義思想が根づいていない土壌のうえに、「統帥権干犯」という魔法の杖を軍の指導部が利用することによって、軍部の独裁という事態をつくりだしていったといいます。

> 統帥権干犯という呪文が政党政治を破壊し、軍部独走を可能にし、ついには日米戦争さえ生んでいたのである。
>
> （松本健一『日本の失敗――「第二の開国」と「大東亜戦争」』岩波現代文庫、二〇〇六年、原本は一九九八年）

日本の戦争はなぜまちがっていたのか。

松本によると、日清戦争と日露戦争までの日本は国際法にのっとって戦争をおこなっていました。ところが、満洲事変以降の日本は国際法にそむいて、他国を「侵略」していったところに過ちの根源があるといいます。

松本はさらに、日米戦争は日中戦争の「超克」などではなく、その「延長・拡大」にすぎなかったというのです。

満洲事変が国際法にそむいた侵略であるという歴史認識は当時すでに国際常識化していた。それにもかかわらず、「精神的鎖国状態に入りはじめていた当時の日本人が、その事実を知らなかった、いや知ろうとしなかったのである」と、松本は論じています。

戦後民主主義の旗手となった丸山と、それはアメリカによって与えられた民主主義でしかないという松本とは立場を異にします。ですが、戦前・戦中の日本人が国際社会についての見識を欠き、個人の自立した判断力をもっていなかったとみる点では同じです。

個人の独自の判断力や精神的自由が欠けているとは、文化力やかんがえる力が未熟であったことにほかなりません。

思想と文化力の未熟

北海道の長万部《おしゃまんべ》出身の作家、和田芳恵は北海中学にまなぶなど、札幌にも縁のふかい人でした。

自伝的小説、『暗い流れ』（講談社文芸文庫）には、「独立キリスト教会のあたりで、お下げに結った髪に牡丹いろのリボンをつけた北星女学校の生徒に出あった」という一文も出てきます。和田は筑摩書房の社史を書くなかで、次のようにのべています。

われわれの挙国一致をもって、ことごとく言論抑圧の結果と考えるのは事実に反している。利害に動かされやすい社会人だけでなく、純情で死をも辞さなかった若い人たちまで、口をそろえて、ただ一つの合言葉だけをとなえつづけていたのは、強いられたのでも、欺かれたのでもない。これ以外の考え方、言い方を修練する機会が与えられなかったからだ。

（『筑摩書房の三十年　一九四〇〜一九七〇』筑摩書房、二〇一一年）

この思想や文化力が未熟であったという点については、角川書店の創業者である角川源義《げんよし》も感ずるところがあったようです。

「角川文庫発刊に際して」の辞のなかでこう省《かえり》みています。

第二次世界大戦の敗北は、軍事力の敗北であった以上に、私たちの若い文化力の敗退であった。私たちの文化が戦争に対して如何に無力であり、単なるあだ花に過ぎなかったかを、私たちは身を以て体験し、痛感した。

（一九四九年五月三日）

現代のわれわれには、戦争の現実を生身で体験したこれら先人の遺志をうけつぎ、あらためて反戦非戦と非暴力抵抗の論理をくみたてるべき使命があります。

2　戦前と戦後のナショナリストのちがい

これまでのところで、戦前と戦後の反戦非戦の系譜をつらぬくものは、弱きを助け、強きに抗する「義侠心」、あるいは権力や富に媚びない「反骨精神」に収斂《しゅうれん》するのではないかと論じてきました。

ところが、実は戦前の青年将校や国粋主義者にあっても、彼らの思想の出発点は義侠心にあることがわかります。

中江兆民の三酔人

前出の幸徳秋水は土佐高知の出身です。若き日に上京して、同郷の中江兆民の門弟となっています。秋水の名も兆民からもらったものです。

兆民はルソーの『民約論』などを翻訳した民権論の思想家であり、政治の世界に参入して、議員になったこともあります。

兆民の著書の一つが、『三酔人経綸問答』です。この本は、一八八七年に出版されました。いまは、岩波文庫（一九六五年）に収録されています。

内容は三酔人という題名からもわかるように、三人の男が酒をくみかわしながら時世を語りあうというものです。議論の中心は、西洋の帝国主義がアジアを侵略しているという情勢下にあって、日本はどの道をえらぶべきかという点にあります。

三人にはそれぞれ、洋学紳士、豪傑君、南海先生という名がつけられています。岩波文庫版の「解説」を書いている桑原武夫によると、これら三人がそれぞれ兆民の分身だそうです。

一人めの洋学紳士は理想主義をかかげます。民主平等の制度をとり、軍備を撤廃し、道義を打ち立て、学術を振興して、諸強国が侵略するにしのびない国にしようといいます。桑原によると、この流れは幸徳秋水、のちに内村鑑三、矢内原忠雄、さらにはマルクス経済学者の河上肇らの系譜につながるものです。

次なる豪傑君は膨張的国権主義をとなえます。ヨーロッパの国々は軍備拡張しており、その災禍がアジアまで及ぶのは必定だ。だから、弱小国の日本は国じゅうの壮丁がすべて軽武装し、かの大国に出かけ、広大な領土を新しく拓《ひら》くべきであると主張します。桑原によると、これは三宅雪嶺、北一輝、いわゆるシナ浪人、徳富蘇峰らの系譜につながるものです。

三人めの南海先生は現実主義をとります。アジアの大きな国と同盟して兄弟国となり、すわというときには互いに援けあうことによって、危機を脱すべきである。やたらと武器を取って、軽々しく隣国を挑発して敵にまわし、罪もない人民の命を弾丸の的にするなどというのは、全くの下策であると論じています。桑原によると、これは福沢諭吉、吉野作造らの穏健進歩派の系譜につながるものです。

理想主義、国権主義、現実主義のちがいはあれども、この三酔人は西欧の強力な帝国主義に迎合したり、服従したりするのではなく、それといかに対抗していくのかという点では一致しています。

欧米といっしょになって、戦争をしようという昨今の日本のナショナリストとは大きなちがいがあります。

宮崎滔天の革命のロマン

中村哲と火野葦平の関係について紹介したところで、侠客とキリスト教は縁があるのではないかといいました。

そういえば、中国革命の父、孫文を支援した男伊達《おとこだて》、宮崎滔天も若き日にいっとき、キリスト教に入信しています。

滔天は聖書の次の一節に心を打たれたそうです。

明日の事を思いわずらうなかれ、今日は今日の事を思いわずらえ。一日の苦労は一日にて足れり。

滔天は、「そろばん勘定をする武士よりも、弱きを助け強きをくじく侠客たらん」といっています（『三十三年の夢』岩波文庫、一九九三年、原本は一九〇二年）。

宮崎家には八男の滔天（寅蔵）のほかに、革命や民権運動を志した三人の兄がいました。二男の八郎は西南戦争で西郷軍に加わって戦死しました。父親の長蔵は悲憤し、「以後、宮崎家の人間は官の飯を絶対に食ってはならん」と命じたそうです。

六男の民蔵は土地の平均分配をとなえて活動しており、大逆事件のときには家宅捜索をうけています。七男の彌蔵《やぞう》は革命的アジア主義をとなえ、アジア諸民族の連帯をめざしていましたが、二九歳の若さで結核に斃《たお》れます。

滔天はとりわけすぐ上の兄、彌蔵に心酔しており、その兄の言、「願わくばともに一生を賭《と》して支那内地に進入し、思想を百世紀にし、心を支那人にして、英雄を収攬《しゅうらん》して以って継天立極《けいてんりっきょく》の基《もとい》を定めん」のとおりに生きようとしました。

当時の中国は帝国主義列強による領土分割のえじきとなっていました。西洋による収奪と侵略という近代の矛盾が中国に集中しており、中国革命こそが世界革命への拠点となるとかんがえたのです。

余は人類同胞の義を信ぜり、ゆえに弱肉強食の現状を忌めり、余は世界一家の説を奉ぜり、ゆえに現今の国家的競争を憎めり。

大陸雄飛の夢を追い、革命のロマンを追いつづけた人生でしたが、滔天は次第にみずからの生きかたに矛盾を感じるようになります。

「日本政府の機密費で香港にわたり、三合会と中国革命の相談をしている自分はいったい何者なのだ。『謀叛請負人』と何が違うのだ」という苦悩です。

滔天のこの苦悩は、日本の「アジア主義」がもつ二つの方向性とかかわっています。つまり、日本は西欧列強の支配からアジアを解放することをめざして、アジアの国々と連帯していくのか。そうではなくて、日本は「アジア主義」をかかげて、アジアの盟主たらんとする侵略の野望を偽装しているだけではないのか。

これは、孫文がいうところの「王道」と「覇道」のちがいに通じるものです（安井三吉『孫文

華僑　神戸』神戸大学出版会、二〇二四年ほか）。

一九〇一年の初めから滔天はひきこもり生活に入ります。そうして、彼の思いついた打開策は、浪曲師になることでした。軍費の調達も同志の糾合も浪花節でやろうというのです。

結果はどうであったでしょうか。容易に想像されるように、資金をあつめるどころか、浪曲師、桃中軒牛衞門としても成功をおさめることはできませんでした。

滔天は、妻と乳飲み子を極貧のなかにうち捨ててほとんど家に帰らなくなりました。そのころ、妻のツチは次のような短歌を詠んでいます（加藤直樹『謀叛の児――宮崎滔天の「世界革命」』河出書房新社、二〇一七年）。

あでやかな都のさくらたおるとや　夫のうわさも東風《こち》には吹けど
遊び女や酒にかわるる財《もの》あるも　妻子にめぐむ財わあらずと

滔天という人物は、もともと家庭という枠におさまらないところがあったようです。「帯妻成家は人生の一大関門なり」と嘆じています（前出、『三十三年の夢』）。

人生道《みち》危うして行人いくたびか途を失し、情海浪高うして舟行しばしば路に迷う。生れて人の夫たり妻たり子たること、果して人生の幸福なりというを得べきか。

革命家や浪曲師への道に挫折した滔天は、遊興におぼれてのち、やがて人生の悟りをひらきます。

世事人事、悟り来たればすべて夢なり、悟らざるもまた夢なり。歌わんかな落花の歌、奏せんかな落花の曲。

君見ずや、あくせくしたところで人生は要するに一場の夢、富貴も功名も何ぞ論ずるに足らん。

かくして、滔天の三十三年の革命の夢ははかなくついえたのです。

とはいうものの、その後も孫文の中国革命を支援しようとする滔天の意志はゆるぎませんでした。

一九〇五年に東京で中国同盟会が設立されます。それにさいして、滔天は興中会の孫文と華中会の黄興とを引きあわせるなど、重要な役割を果たしています。中国同盟会は一九一一年の辛亥革命の主力となり、のちに中国国民党の母体となりました。

滔天は一九二二年に五一歳で病没します。中国大陸をいくたびも訪れ、孫文の革命を支援しつづけた生涯でした。

宮崎家の兄弟が革命の理想にまい進できたのは、母サキ、民蔵の妻ミイ、滔天の妻ツチら宮崎家の女たちの存在があったからです。

滔天とツチの長男、龍介と道ならぬ恋におちて世間をさわがせた柳原白蓮《びゃくれん》も一時期、困窮する宮崎家の経済をささえていました。

ノンフィクション作家の本田節子はその時代の女性の生きかたについて、次のように慨嘆しています（上村希美雄監修『夢　翔ける　宮崎兄弟の世界へ』荒尾市宮崎兄弟資料館、一九九五年）。

与謝野晶子や平塚雷鳥のように言挙げすることで戦った女たちもいた。だが、黙して語らず、労働に耐え、男を支援することで戦った女たちも、大勢いたのである。なのに男共は、戦うかげで遊郭に遊び、妾の元へ帰っていく。

友情に厚かった西田税

一九三六年の二・二六事件における民間側首謀者として死刑になった西田税《みつぎ》は、鳥取県米子《よなご》市の出身です。

私は転校生だったため二年生からの在学でしたが、米子東高校を卒業しました。米子東高の同窓会名簿には、西田はその前身の旧制米子中学の十六期生としてのっています。

西田税の自伝「戦雲を麾く《さしまねく》」は、二三歳のときに執筆されたものです。病気療養のため、勤務する広島の騎兵第五連隊から米子に帰郷中のときでした。

自伝のなかには、次のような皇国国家主義者の面目躍如たるくだりもあります。

国家を否む者等は人生に戦闘的精神を見出し得ず、理想を設定することにあまりに無謀低劣なる浅薄者共だ。げに国家とは戦闘的精神に生くる人類の最上なる力である。しかして日本におけるそが主宰は天皇である。

西田は、陸軍士官学校予科以来、三好達治とも親交がありました。のちに詩人となる、かの三好達治です。

一九二〇年、朝鮮の騎兵第二七連隊に士官候補生として赴任するときには、西田は工兵第一九大隊に赴任する三好と行をともにして、玄界灘をわたったこともあります。朝鮮の地で、西田は革命の志を同じくする三好や宮本進たちと盟友となります。

その後、西田と三好は市ヶ谷の陸軍士官学校本科にすすみました。しかし、一年ほどして、三好は出奔します。

北海道にまで逃げていた三好はつれもどされ、二カ月間監獄に入れられました。そうして、三好は軍務を離れ、二人は別々の道をあゆむことになります。

三好の出奔する前、二人はよく薄暗い下宿で禁制のタバコをくゆらしながら語りあったそうです。日米衝突を予想していた三好は、「いざという日にはパナマ運河を爆破する」として工兵を志願したといいます。

西田は自伝で三好への思いをつづっています。

三好、三好――彼は一夜学校を出奔してしまった。その後二ヵ月を衛戍《えいじゅ》監獄に送って、軍人の境涯を去ったのである。

(『日本人の自伝　第一一巻』平凡社、一九八二年所収)

三好は士官学校を出奔した理由について、「軍人精神に於て欠くところあり、予《かね》て立身出世の志望をいだかず」としか述べていません。

一年後に三好は第三高等学校（京都大学教養部の前身）の文科に入学します。そこで、丸山薫や梶井基次郎たちとの親交をへて、詩作をするようになりました。

三好達治の詩は「乳母車」、「わがわざは」など、よく知られています。詩に興味のない人でも、「太郎を眠らせ、太郎の屋根に雪ふりつむ。次郎を眠らせ、次郎の屋根に雪ふりつむ」という詩は聞かれたことがあるでしょう。

次の「泰山木の」と題する詩は、西田たちと交友した士官学校時代をふりかえったものではないかと、私は勝手に想像しているのですが。

泰山木の花さきしは
なほ昨日《きのふ》のごとし
かの寄宿舎の窓べに
ある日ふとさきしは
なほ昨日のごとし
そのかみの友半ば戦さに死し
みはひとりかくも拙く老いはてぬ
ことなべて終らんとして
思出はなほ昨日の如く新らし
かの花や　かの青空や

（安西均編『日本の詩　三好達治』ほるぷ出版、一九七五年）

西田は友情に厚い人だったようです。盟友の宮本進が所沢で飛行練習中に墜落死したときには、その死を惜しんで次のように書いています。

革命日本の建設、亜細亜復興の戦闘―彼は常に眉をあげ泡をとばして論じた。即行した。そして彼は有徳の君子人であった。……キリストによりて彼は確固たる信仰を抱き得た。

「生命なり。信仰なり。しかして復興なり」。彼は七生殉道を誓って居た。

意外にも、皇国国家主義者の西田は、親友がキリスト教徒であることになんのわだかまりも感じていなかったようです。むしろ、宮本がキリスト教徒であるからこそ、確固たる信念を持ちえたのだとみとめています。

西田にとって、天皇は万世一系の崇拝すべき絶対的存在であったというよりも、国家をまとめるための権威であったにすぎないのではないでしょうか。

よく知られているように、青年将校たちを二・二六事件などの決起にかりたてた要因には、当時の農民の貧困と疲弊があります。

西田税の生涯をたどった須山幸雄は、世界恐慌後の一九三一年の農村状況について、農林省職員の調査報告から次のように引いています。

米どころの新潟県でも、売る米をもっているのは大地主以外にはいない。食うに困ったはては娘を売る。それも年頃の娘がいなくなって、ついには小学校へ行っている女の児を売る者さえ出てきた。小学校三年の女児が百円、六年を卒業した者が四百円というのが通り相場だ、と報告されている。

西田は一九三七年八月一九日に処刑されます。その一ヵ月前に日中戦争が始まっていました。面会にきた家族に、西田はこう話したそうです。

軍閥が政権をにぎったから、もう駄目だ。奴らはこんな戦争を起こして、後始末に困るだろう。自分で始めたんだから自分の手で始末をつけねばならん。それが奴らのような下積みの庶民の心を踏みにじる奴にはようできんだろう。元も子もなくしてしまう馬鹿な奴らだ。

（須山幸雄『西田税　二・二六への軌跡』芙蓉書房、一九七九年）

また西田は、「俺は殺される時、青年将校のように、天皇万歳は言わんけんな、黙って死ぬるよ」と米子弁で語ったといいます。

たしかに西田は士官学校で席を同じくした秩父宮をうごかして、国家体制の変革を企図していたこともあります。しかし、それは革命の方途であって、天皇を絶対的な権威として崇《あが》めたてまつっていたわけではありません。

北一輝の国家改造論

西田税が心酔し、行動を共にしたのは北一輝です。北は北越の佐渡、西田は山陰の米子と、二人とも冬には曇天や降雪の日がつづく裏日本の出身です。北も西田も同じ日に処刑されました。

北一輝が国家改造案を提出するにいたるには、彼が参加した中国革命初期の経験が影響しています。

一九一一年一〇月一〇日に武昌で革命軍が反乱をおこすと、北は黒竜会の派遣で、日本から上海をへて、漢口へわたりました。黒竜会は、大陸進出をめざす右翼の内田良平が主宰する国家主義的結社です。

このとき、北は中国革命同盟会の幹部である譚人鳳《たんじんほう》に革命の総統となるよう進言します。しかし、譚は「禅譲的旧道徳」によって、これをうけ入れませんでした。

革命軍は漢陽の戦いで敗れます。そこで、革命派幹部の宋教仁は局面を打開しようと、北とともに漢口から南京へ移動します。ところが、南京はすでに清国の政府軍が鎮圧しており、宋と北は命からがら南京を去ったのでした。

その後、革命派が勢力をのばし、一九一二年一月に南京に臨時政府が樹立され、中華民国が正式に成立します。

同年の八月には国民党が組織され、北の旧知の宋教仁が党務を掌握することになりました。ところが、翌一九一三年三月に宋は上海北駅で革命派の重鎮、黄興と話をしているところを狙撃されて落命します。政敵の袁世凱が放った刺客によるものでした。

ここに、宋教仁や譚人鳳らが主導した初期の中国革命は頓挫します。

北一輝の『日本改造法案大綱』は第一次世界大戦後の一九一九年八月、上海において起草されました。

北みずからが「日本民族の社会革命論」といってもよいとみとめているように、日本の政治・経済・社会体制の変革を論じたものです。

その骨子は、天皇を奉じて国家社会主義をおこなうことにあります。

北の国家社会主義の特徴は以下の三点からなっています。

一つは、私有財産の制限と国有化です。限度を超えた財産や私有地は国に納付させます。私的資本も制限をうけ、大規模な産業、金融、商業、運輸は国家の統一経営とします。

二つめは、労働者の権利、国民の生活権利、教育を受ける権利、婦人の権利、国民の人権などを保障することを重視しています。

三つめは、世界的大帝国になるための侵略拡張主義です。徴兵制を永久に維持し、朝鮮・台湾を併合し、私有財産の制限・私有地の制限・私有資本の制限という三大原則をゆきわたらせます。青島に租借地を得るというような小策ではなく、イギリスから香港を奪いとり、オーストラリアを併合せよとけしかけています。

このように、北は一方で、革命によって国民の生活困難を救いたいとしながら、他方で日本の侵略拡張がアジア諸国の人々にどれだけの災禍をもたらすかについての思慮がまったく欠けています。

松本清張によると、北一輝と西田税は「軍隊の奪取」を企図するうえで、次の二つの誤りを犯しているといいます（松本清張『昭和史発掘6』文春文庫、二〇〇五年、原著は一九六九年）。

① 帝国軍隊が天皇を頂点にタテ割りになっており、ヨコに結合して私兵化できないことに気づかなかったこと。

② もう一つは、かれらの計画には軍隊だけがあって、民衆の動員という視点がなかったこと。

さらに、もう一つつけくわえると、北の誤りは、徴兵や軍隊の侵略によって民衆、とりわけアジア地域の民衆にどれだけの惨禍《さんか》をもたらすことになるかに思いいたる洞察力を欠いていたことがあげられます。

北と西田の間は、師弟であり、同志であり、教祖と使徒であり、金銭の供与者と受給者の関係であったと、清張は評しています。

北は妻子三人、ほかに女中三人、運転手一人をかかえて大邸宅で暮らしていました。そんなことができたのは、三井理事の池田成彬から情報提供の見返りとして毎月数万円をもらっていたからです。

北はこのカネのなかから、毎月数百円を西田にあたえていました。北と西田は、政治の暗部における「共謀者」の関係にありました。

北は多くの天皇制信奉者とちがって、日本人を純血の単一民族とはみていません。人類学的にみて、日本民族は朝鮮、中国、南洋、および土着人の「化学的結晶」であるとのべています。

とくに純血の朝鮮人の血液を多量に引ける者は彼と文明交渉の密接せし王朝時代の貴族に多く、現に公卿華族と称せらるる人々の面貌多く朝鮮人に似たるは凡《すべ》てその類型を現すものなり。すでに王朝貴族に朝鮮人の血液が多量なりと云うことは、実にその貴族の血液が皇室に入り得《う》べき特権階級たりし点において、日本の元首そのものが朝鮮人と没交渉にあらずと云うことなり。

（『日本改造法案大綱』中公文庫、二〇一四年。初版は一九二三年、改造社）

北は、日本の王朝貴族や皇族に朝鮮人の血が混じっていることをもって、日韓併合を正当化しようとしていますが、そうは問屋がおろしません。支配層の血が混じりあっているからといって、国家や民族をひとくくりにすることはできません。

しかしながら、ここに北の天皇観が如実にあらわれているといえます。

北は天皇を万世一系の絶対的な神のような存在としてみとめているわけではありません。北の国家社会主義を成立させるための権威として、天皇を利用しているにすぎないのです。この点では、前出の西田税も同じだったといえます。

大川周明の民族国家主義

同じナショナリストでも、大川周明は北や西田とはちがってエリート・コースを歩んできました。北も西田も旧制中学や士官学校を中途退学し、とうに既定の出世コースから外れています。

大川は東大を卒業してのち、拓殖大学教授などをつとめました。一九一八年に南満洲鉄道（満鉄）に職を得ます。満鉄は国策会社で、当時、東洋屈指の大企業でした。

一九二八年には満鉄の東亜経済調査局の局長に昇進します。翌年、同局を満鉄から独立させ、理事長に就任しました。

大川は、一九三一年に三月事件や十月事件という軍部のクーデター計画に参画しています。さらに翌年には、海軍の青年将校によるクーデター、五・一五事件に連座して収監されます。

この五・一五事件により一九三五年に禁固五年の判決を受け、大川は下獄しました。獄中では、『近世欧羅巴殖民史』を執筆しています。

三年後に仮出所し、東亜経済調査局に付属研究所（大川塾）を設立して、当時の世上に思想的な影響力をおよぼしました。

大川は一九三九年に『日本二千六百年史』を発表して、神話の時代からの「日本精神」の形成史を論じています。

それによると、日本史は次の四つの時代に区分されます。

第一期：建国より大化の改新まで
第二期：大化の改新から鎌倉幕府の創立まで
第三期：鎌倉幕府の創立から徳川幕府の大政奉還まで
第四期：明治維新以降

大川がこの本を書いた目的は、日中戦争の長期化という当時の情勢をふまえて、さらなるアジアへの侵略を正当化し、鼓舞せんとすることにありました。結論部分にある次の言からそれがうかがえます。

かくして日本は、積年の禍根を断てとの大御心に添い奉り、東亜新秩序の建設を実現するために、獅子奮迅の努力を長期にわたりて持続する覚悟を抱かねばならぬ。東亜新秩序の確立は、やがて全アジア復興の魁《さきがけ》である。

大川は、日本精神と天皇との関係については、次のように述べています。

日本に於ては、国祖において国家的生命の本源を認め、国祖の直系であり、かつ国祖の精神を如実に現在まで護持し給う天皇を、神として仰ぎ奉るのである。

このように、大川は日本精神を体現し、継承するものとして天皇を位置づけています。しかし他方で、日本民族が純粋の血統で成り立っているものではないことも認めています。

日本民族は、決して一時に渡来したのではない。おそらく極めて長き年月の間に、逐次この美わしき島国に渡来し、各地に於てアイヌ人と妥協しまたは之を征服して、それぞれの酋長の下に部族的生活を営んでいたものである。

さらに、大川は聖徳太子の時代にあっても、皇室は「最高族長」ではあったものの、一氏族として他の諸族と私領をきそいあう存在でしかなかったといっています。

また、大川によると、儒教やシナ（中国）文明のうけいれは、主として帰化朝鮮人の力を借りてできたことです。応神天皇（古事記や日本書紀に記された天皇で、五世紀ころと推定される）以来の三百年間にわたって、「朝鮮人が吾国に於ける文化の指導者であった」と明言しています。

近年の日本では、ネットや街頭で嫌韓や嫌中の言辞を弄《ろう》する人たちが少なくありませんが、戦前の右翼は朝鮮人や中国人から多くをまなんだことを謙虚にみとめているのです。

さらに大川は、日清戦争と日露戦争の悲惨についてもつぎのように言及しています。この個所は出版された当時には、検閲によって伏せ字とされた部分です。

妻子を飢え泣かせた者、出征のために家産を倒せる者、老親を後に残して屍を異境に曝《さら》せる者は、実に幾十万を算した。戦争の悲惨は平民のみよく之を知る。

一九一八年七～九月にかけて、米価高騰に苦しんだ民衆による抗議行動、いわゆる米騒動が全国にひろがりました。大川はこれにも同情的です。

シベリア出兵におもむく総司令官が桃山御陵の明治天皇の神霊を拝したまさにその日に、米をよこせと立ちあがった民衆に軍隊が銃をむけて鎮圧したと、ときの政権を断罪しています。

全国各地に米騒動の勃発を見、日本軍隊は外敵に向って研ぎ来たれる鋭き剣を同胞に向って揮い、貴重なる弾丸を同胞に向って放たねばならなかった。

（以上の引用は、大川周明『日本二千六百年史』毎日ワンズ、二〇一七年による。原本は一九三九年）

このように戦争の災禍に苦しむのが民衆であることを大川はよくわかっていました。その大川が、アジアを支配するための侵略戦争を鼓舞したことはまことに罪深いといわざるをえません。

戦後の大川周明

日本は一九四五年八月一四日にポツダム宣言を受諾し、無条件降伏しました。翌年の五月から極東国際軍事裁判（東京裁判）が始まります。

東京裁判では、大川もA級戦犯として訴追されました。東京裁判のニュースフィルムでよく知られていることですが、A級戦犯が被告席に居ならぶなか、大川が前の席にいる東条英機の頭をパチッと平手ではたく場面があります。

東条の政治運営の過誤にたいして大川がよほど腹にすえかねたせいなのか、それとも大川の精神に異常をきたしたせいなのかよくわかりません。結局、大川は精神異常の疾患により免訴になっています。

その後、病の癒《い》えた大川は、一九五一年に自らの胸中を明かして『安楽の門』をあらわしています（大川周明「安楽の門」『日本人の自伝』第一一巻、平凡社、一九八二年所収。原本は出雲書店）。「安楽の門」とは宗教のことであり、大川はその著でみずからの宗教的経験を回想しています。

大川の家は曹洞宗の檀家でしたが、彼を宗教的にめざめさせたのは仏教ではなく、キリスト教でした。郷里、山形県の鶴岡天主公教会のマトン神父からフランス語をならっています。大川が精神的な影響をうけた先人として、押川方義、八代六郎、頭山満《とうやまみつる》の三人をあげています。東北学院で教えていた押川からは真の信神者としての生きかたを、また海軍大将の八代からは武人としてのありかたをまなんだといいます。

頭山満は、いわずとしれた戦前右翼の巨頭です。萩の乱に連座して投獄され、出獄後に玄洋社を設立しています。

頭山は、国権の拡張、大陸への進出をとなえ、戦前の政界の黒幕として暗躍しました。大川は頭山を評して、次のようにのべています。

> 頭山翁はいわゆる腹の人である。腹で承知し、腹で決断し、腹で笑い、腹で怒り、腹一つで世に立ち、国家社会に貢献するのであって、手の人でなく、もとより口の人でない。要するに唯端然と座って居るだけで、実に五十年の長きにわたって一世の信望を繋ぎ、天下の頭山として朝野無数の人士を身辺に吸収し続けたのである。

このように大川は頭山をもちあげていますが、そこには大陸への侵攻をすすめるナショナリストとしての共感が根底にあったのではないでしょうか。

大川のナショナリストとしての思想は、敗戦後になっても変わってはいません。「われわれはまず第一に人間でなければならない」という主張にたいして、大川は次のように反論しています。

いずれの処にか梅に非ず、桜に非ず、ないし牡丹に非ざる「花」があるか。花は一つの理念としては存在する。しかしこの理念は、必ず桜・梅・菊などの特殊の花として咲き出ることによって、はじめて実在となるのである。……

拒むべくもない事実として、一切の人間は必ずいずれかの国家又は民族の一員として生まれ出る。日本人に非ず、中国人に非ず、米国人に非ざる「人間」は、実在として決してどこにも存在しない。「花」の場合と同じく「人間」は唯一つの理念として存在するだけであり、この理念は必ず日本人・中国人・米国人等々の民族又は国民として実現される。

このような大川の論理をみなさんはどうとらえるでしょうか。私は納得できません。どこに咲こうと、梅は梅、桜は桜です。その木が植わっている場所や土地によって、梅が梅でなくなるわけではありません。

同様に、日本で生まれたから日本人、中国で生まれたから中国人というわけではありません。法的に国籍を決めるばあいでも、どこの国で生まれたかにもとづく生地主義をとるか、父または母の国籍にもとづく血統主義をとるかは、それぞれの国によってちがいます。また、日本や中国では二重国籍はみとめられませんが、アメリカ、イギリス、フランス、ドイツなどは二重国籍をみとめています。

その前に認識しておきたいことですが、そもそも何国人という属性は国民国家という観念が成立してからつくり出されたものです。民族という概念には、「虚構」という性格がつきまとっています。

近年の国際情勢においては、国境や民族という壁をつくって、互いを分断し、敵対させようとする流れがあります。それによって、政治家がみずからの勢力の拡大をはかったり、軍事産業が武器を売ってもうけようとしたりしています。

日本政府は二〇二三〜二七年度、五年間の防衛費総額をそれまでの一・五倍に増やすことをすでに決定しました。総額四三兆円になります。

ここを先途《せんど》とばかり、アメリカのロッキード・マーチン社は二〇二三年にアジア統括拠点をシンガポールから日本に移しました。日本はこの会社から地対空誘導弾パトリオットミサイル（PAC3）やステルス戦闘機F35などを購入しています。

イギリスのＢＡＥシステムズやアメリカのＬ３ハリス・テクノロジーズやフランスのタレスなどの軍事企業も日本市場への売り込みをねらっています。

そのような分断の潮流と軍事産業の利益誘導にながされて、戦争への道を歩んではなりません。

花にもいろいろあります。梅や桜も木によってさまざまです。人は何々人である前に、やはり個々の人間として存在するのではないでしょうか。

戦前と戦後のナショナリストのちがい

戦前の右翼には、日本が朝鮮や中国から文化をまなんできたのだという歴史的事実をうけいれる度量があったことはすでにのべました。

もう一つ、戦前の右翼と戦後のナショナリストとの大きなちがいは、欧米にたいする姿勢にあります。

大川は『日本二千六百年史』において、幕末のころ、イギリス、フランス、ロシア、アメリカなどが日本や中国を支配下におこうとして、虎視眈々とねらっていたことを次のように表現しています。

貪婪《どんらん》飽くことを知らざる欧米列強の爪牙《そうが》は、当然シナ及び日本に向って研《と》がれ始めた。

また、大川は戦後になっても、アメリカに追従する傾向に異をとなえています。

ここ数年間に果して日本は国民が死守して国土を守りたくなるほど生活が楽になるか。久米正雄氏の如きは、そんな見込みは絶対にないと諦めたと見えて、日本は米国の一州になった方がよいという意見を公表して居る。

（前出、『安楽の門』一九五一年）

近年の日本は、アメリカのおこなう戦争に協力し、アメリカの外交につき従い、アメリカの言いなりに高価な武器を購入しています。

歴代首相は訪米するたびにアメリカに媚《こ》びる姿勢をしめしてきました。

イラクへの自衛隊派遣をきめてブッシュ大統領をささえた小泉首相、安保法制の改定により日本をアメリカとともに戦争できる国にし、オスプレイなどを購入してトランプ大統領をうれしがらせた安倍首相、二〇二七年度の防衛予算をGDPの二％にまでふやすとバイデン大統領にエールをおくった岸田首相など、枚挙にいとまがありません。

日本はアメリカの五一番目の州だというブラック・ジョークが笑えなくなるほどです。

アメリカの核の傘の下にいるから、国連の核兵器禁止条約にも参加しないというのが日本政府の論理です。

沖縄の基地は依然としてアメリカの都合が優先されています。日米地位協定はアメリカ軍に有利な不平等協定です。

日本は主権国家としての自国の権利を主張できていません。「沖縄返還交渉というのは、実は基地の自由使用という米国の絶対的条件をのんだ交渉だった」と、西山太吉はのべています（西山太吉・佐高信『西山太吉　最後の告白』集英社新書、二〇二二年）。

かんがえてもみてください。

アメリカの原爆投下やじゅうたん爆撃は、民間人の殺害を故意にねらったものです。ジュネーブ条約は民間人への攻撃を禁じています。明らかな国際法違反です。

真珠湾で日本が先制攻撃したのだからしかたがないとか、戦争を早く終わらせて、アメリカ人兵士の死亡を少なくするためだったとか、原爆投下を正当化する議論や弁明もあります。

だが、日本による真珠湾攻撃は戦闘機による戦艦への攻撃です。民間人の殺害をねらったものではありません。

それにたいし、アメリカによる原爆投下やじゅうたん爆撃は軍隊同士の戦闘ではありません。国家が最初から意図的に民間人の大量虐殺を意図したものです。しかも、原爆投下時にはすでに戦局は定まっていました。

アメリカはいまなお、原爆投下やじゅうたん爆撃が国際法違反の非道な攻撃であったことをみとめていません。

二〇二四年五月には、米連邦議会で共和党のグラム上院議員がイスラエルへの軍事支援の必要性を主張するために、「敵の壊滅のために必要な兵器供与を止めれば、代償を払うことになる。これは究極の広島、長崎だ」と発言しました。これにブラウン統合参謀本部議長もオースティン国防長官も「それが世界大戦を終わらせた」と応じています。

近年の日本のナショナリストは同盟関係とか集団的自衛権とかいう名目のもとに、そのようなごう慢な国といっしょになって戦争をしようとしているのです。アメリカという強い国につき従っていればよいという立場です。

同じナショナリストでも、戦後のナショナリストには戦前の右翼がもっていたような独立不羈の気概がありません。

3　アメリカと中国の反戦非戦

これまでのところで、アメリカの好戦的な体質や中国の強権的な体制を批判的に論じてきましたが、実は両国には反戦平和をおしすすめた誇るべき人物がいます。

アメリカの絶対平和主義

アメリカには絶対平和主義の源流があります。ジャネット・ランキンはアメリカで最初の女性の連邦議会議員です。一九一七年には対ドイツ宣戦決議案に反対し、一九四一年には対日宣戦決議案にただ一人、反対票を投じています。

D・デリンジャーは一九四五年に広島や長崎に原爆が投下されたことを知るや、『直接行動』という小冊子をくばって、原爆反対の意思表示をしました。

デリンジャーは非暴力の絶対平和主義者です。三六歳のとき街頭集会で暴徒になぐられ、右目を失明していますが、非暴力をつらぬきました。

ベトナム戦争反対の運動をみちびき、日本のベ平連とも連帯しています。一九六六年にはベトナムを訪問してホーチミンに会い、アメリカ軍捕虜の一部釈放を実現しました（D・デリンジャー著・吉川勇一訳『「アメリカ」が知らないアメリカ』藤原書店、一九九七年）。

南京の平和学シンポジウム

中国の胡耀邦・党総書記は一九八三年に来日しました。このとき、彼は国会で講演し、日本人青年三千人を中国に招待すると発表し、両国の若者の交流を実現しました。

さらに、胡耀邦は長崎を訪問し、原爆慰霊碑に献花をしています。オバマ大統領の広島訪問より三十年も前のことです。

一九八五年七月、胡は長崎平和公園に「乙女の像」を寄贈しました。左腕にハトをのせたふくよかな乙女の立像です。

その台座には、「百折千回心不退」（いくたびの挫折があろうとも平和への思いは変わらない）と胡の覚悟がきざまれています。

二〇〇五年三月に南京で中国初の「平和学にかんする国際シンポジウム」が開かれました。この会議には、「平和学の父」とよばれるノルウェーのヨハン・ガルトゥングも招へいされ、講演をおこなっています。

南京出版社からは平和学叢書として四冊の本も刊行されました。そのうちの一冊の結論部分には、平和運動の意義について次のように書かれています（熊偉民『和平之声――二〇世紀反戦反核運動』南京出版社、二〇〇六年）。

いかなる情況下にあろうと、戦争に反対し、平和を呼びかけるのは良心的な願望の表明である。いわんや、二〇世紀の世界の平和運動によって、ますます多くの人々が戦争と平和の問題についてかんがえるようになった。

一九八〇年代半ばから二〇世紀末までのあいだに世界情勢は大いに緩和され、散発的な反戦反核運動はあったけれども、長期にわたる大規模な平和運動は形成されていない。

そうしてなお、人類は互いに戦い、殺し合いながら二一世紀に突入した。テロリズム、強権政治、宗教対立、民族紛争など、血なまぐさいシーンがわれわれの眼前で日々くり返されている。戦争に反対し、平和を追求することは依然として任重く、道遠い。

日本への原爆投下についても、次のような記述があります。

日本帝国主義は中国への侵略戦争を発動し、太平洋戦争を引きおこした。軍国主義は非難されなければならない。そして徹底的に消滅させてしまわなければならない。しかし他方では、日本はいまに至るも、原子爆弾による爆撃をうけた唯一の国である。原爆は生命や財産にたいする巨大な破壊であり、日本人の心に消し去りがたい傷あとをのこした。

南京は日本軍が侵攻したときに多数の民衆を虐殺し、悲惨な性暴力事件をおこした土地としてよく知られています。「殉難の都市」(Martyrdom City)ともよばれます。その南京で平和学のシンポジウムがひらかれ、平和学の叢書が出版され、平和学の研究にいそしむ学者がいるのです。

「いくら反戦非戦をとなえても、いまの中国では反戦運動はできないよ」と、ある人からいわれたことがあります。

なるほど、いまの中国で反戦をよびかける街頭デモをおこなったり、おもてだって香港や台湾への暴力的な威嚇《いかく》を非難したりすることはできないでしょう。しかし、平和を祈念する心はどこの国の人間であろうと同じです。

二〇二二年二月四日、北京で冬季オリンピックの開幕式典がおこなわれました。そこでながされた曲の一つがジョン・レノンの「イマジン」でした。前年の東京オリンピックの式典でも使われた曲です。

二〇二四年七月のパリオリンピックの開会式でも、セーヌ川に浮かんだ船の上でジュリエット・アルマネが唄い、ソフィアン・パマールがピアノ伴奏しました。

政治的利用や商業主義だというオリンピックにたいしての批判はたしかに的を射ているところがあります。それはともかくとして、格差や差別のない平和な世界をという「イマジン」の願いは、国境や民族を越えて世界じゅうの人々が共有できるものではないでしょうか。

4　魅力ある国とは

日本人がわすれてきたもの

明治維新後の日本には、近代化の経験をまなぼうと清国から多くの留学生がやってきました。

また、戦後の一九八〇年代にも、中国はじめアジアの途上国から留学生や政府の代表団が日本の戦後の経済発展の経験をまなぶために来日しました。当時の日本にはきらめき輝くものがあり、今後のすすむべき方向を模索する中国にとって大いにまなぶべきところがあったからです。ところが、日本は戦前・戦時にはその中国やアジア諸国を侵略したため、抗日運動をひきおこしてしまいました。

戦後には、みずからがバブル経済や原発事故で破綻《はたん》して、日本はあまり魅力のない国になってしまいました。

みずからが魅力を失ったのを糊塗《こと》しようとして、反中国・嫌中国の言論をまきちらして、新たな敵をつくろうとするのは筋ちがいというものです。相手の国の欠点をあげつらい、敵がい心をあおることは、逆に自国の品位を傷つけ、自身を卑《いや》しめることになります。

やるべきことはみずからが魅力のある存在になること、模範とされるべき存在になることです。その根本にあるのが「義侠心」であり、バブル経済や原発事故後の日本人がわすれてきたものではないでしょうか。

フクシマ原発事故をおこした日本は、みずからの郷土を失ったのみならず、世界の環境を放射能で汚染した責任があります。その責任に正面から向きあわずして、日本人が義侠心をそなえているとはとてもいえません。

原発はのちのちの世代に毒物をのこす技術です。原発は安全ではないし、クリーンでもなく、またコストが低いわけでもない。

電気代の上昇を抑えるために原発の再稼働をもっとうながすべきだという論や広告を近年再びあちこちでみかけるようになりましたが、放射性廃棄物の処理や保管の費用を算入すれば、原発はけっしてコストが安いわけではありません。フクシマ原発事故後の遅々とした処理過程をみても、それは明らかです。

メルトダウン（炉心溶融）後のデブリ（溶融核燃料）をとり除き、福島第一原発全体を廃炉にするだけでも長い年月を要する困難で危険な作業になります。東京電力の見込みでは二〇五一年に廃炉を完了する予定ですが、とうていおぼつかない状態です。総量八八〇トンにもなるデブリのうち、試験的に三グラムをとり出すだけでも容易でなく、何度も中断をよぎなくされています。

二〇二三年四月、ドイツは最後までのこっていたネッカーヴェストハイムなど三基の原発を停止しました。

ドイツはチェルノブイリやフクシマの原発事故という事態をうけて、すでに二〇二二年までにすべての原発を廃止することを決定していました。

元のスケジュールより遅れはしましたが、脱原発の一応の完了といえます。それでもなお、放射性廃棄物の最終処分場さがしをしなければなりませんが。

ドイツは原発を止めても、GDPの規模では日本をぬきかえして世界第三位になっています。原発再稼働に執着して、経済再興の新たなビジョンをうち出せないでいる日本とは大ちがいです。

経済的な合理性からみても、環境保護の観点からみても、原発は割に合わない発電方式です。京セラの稲盛和夫や城南信用金庫の吉原毅に代表されるように、まともな経営哲学をもち、冷徹に経済計算をする経営者ならけっして原発には手をつけません。原発ムラにむらがる一部の人たちが利益を得るだけで、将来的に子々孫々禍根をのこします。目先の欲におぼれ、道を誤ってはなりません。

日本のアジア・ビジョンの柱

日本はエネルギー政策を転換し、アジアに脱原発の波をひろげていくことを国家的課題にしていってはどうでしょうか。二〇二一年一一月のCOP26に参集した世界の若者たちの脱炭素の行動にもこたえなければなりません。

また国連の核兵器禁止条約にも加盟し、アジアの核廃絶に向けて積極的にリーダーシップを発揮していきたいものです。

脱原発・脱炭素と反戦非戦を日本のアジア・ビジョンの柱として推進していけば、日本はアジアの国々にとってすこぶる魅力的な国に変貌できるのではないでしょうか。

アジアの人たちから、日本は環境と平和をかかげる義侠の国だ、みずからもかくありたいと思われるようになる。それこそが、反戦非戦のアジアにむけて日本がめざすべき道です。

はじめにのべたように、世界ではナショナリズムの対立による分断がすすんでいます。しかし、人類がいま直面するもっとも深刻な問題は地球環境の破壊であり、地球温暖化の進行です。アメリカの陣営か中国の陣営かという分断と対立は戦争につながる道です。戦争は最悪の環境破壊です。人類にとって、それは賢明な選択ではありません。

世界のあちこちで戦火が立ちのぼっている情況のもとで、地球環境の保護にたいしてどのような姿勢をとるかが問われています。そこでは、脱原発・脱炭素と反戦非戦を推進する人々の運動が、目先の利益と既得権益をまもろうとする勢力と対峙《たいじ》することになります。

かつてマルクスは、世界の労働者階級が国境を越えて連帯し、資本家階級と対峙することにより、世界資本主義は打倒されるだろうとみていました。

ところが、強靭《きょうじん》な資本主義はあくなき利潤の追求というみずからの本性に修正をくわえ、管理通貨制度や社会保障制度を導入して生きのこりました。また、勤労者に株式や金融証券への投資をうながすことによって、労働者階級を資本主義体制のなかにたくみにとり込んできました。

さらに、現代資本主義はナショナリズムをあおっては防衛費を膨張させ、軍・産・金融資本主義へと変貌《へんぼう》をとげています。

現代資本主義は旧ソ連・東欧の社会主義を瓦解させ、これらの国々を資本主義に転換させました。共産党政権の統治が依然としてつづいている中国やベトナムにおいても、資本主義の市場経済のメカニズムがはたらいています。

もともと資本主義も社会主義も生産力至上主義という点ではちがいがありません。この生産力至上主義のもとで、資本主義も社会主義も原発を推進してきました。

社会主義ソ連が崩壊した要因の一つは、一九八六年四月二六日のチェルノブイリ原発事故の発生とそれにたいする対応措置の拙劣さにあります。

資本主義の日本が長期の経済的低迷におちいっている要因の一つは、二〇一一年三月一一日のフクシマ第一原発事故の発生とその事後処理の遅れにあります。

東京電力はフクシマ第一原発にたまった汚染水の多さにたえきれなくなって、二〇二四年八月二四日から処理水の海洋放出をはじめました。これにたいして、中国や韓国などから批判が表明されています。

また、二〇二四年二月には汚染水漏れがおき、汚染水の管理がきちんとなされていないのではないかと懸念されています。

日本人にとって、このような中国などからの批判は心地よいものではないでしょう。しかし、処理水の海洋放出は将来の長期的な影響もふくめて、科学的に安全だと立証されているわけではありません（国際環境NGO：FoEジャパンHP）。

これが逆に中国で原発事故が発生して、中国が処理水を放出したのだとしたらどうでしょうか。日本の政府もジャーナリズムももっときびしい中国批判を展開したことでしょう。日本の汚染水処理や流出事故にたいする中国からの批判を日本人は甘んじてうけいれるべきです。日本の原発の管理運営にたいする中国の批判は、いずれ中国自身にもはねかえっていきますから。

国境や民族を越えた連帯の可能性

原発は、現代の生産力至上主義によってもたらされ、人類が制御できなくなった環境汚染を象徴する技術です。

二〇一九年末の時点で、世界の三〇ヵ国で原発四四三基が運転され、五四基が建設中です。原発は世界の総発電量の一〇％を占めています。

東南アジアでもタイ、フィリピン、インドネシア、ミャンマーで小型原発の導入計画がすすめられています。

中国の原発は二〇二一年に五三基が運転中で、一三基が建設中です。原発は中国の総発電量の五％を占めています。

中国では、原発は「人類のエネルギーと電力にたいする需要を解決し、われわれの世代が繁栄・生存する地球の天青く、大地緑にして、水清らかな美しい環境を守るためにかけがえのない重要な役割を発揮する」ものとして喧伝《けんでん》されています（『中国電力工業史：核能発電巻』中国電力出版社、二〇二二年）。

思いかえせば、フクシマ原発事故以前の日本でも、電力会社やお役所の広報が同じような美辞麗句をならべたてていました。

また、中国は「これまで四十年間にわたって原発の建設を中断したことのない世界で唯一の国」であることを誇っています。しかし、原発の建設を推進していくことがほんとうにその国の誉《ほま》れになるのでしょうか。

PM2・5など大気汚染にくるしむ中国はその対策に力を入れており、太陽光発電や風力発電などの再生可能エネルギー、さらには電気自動車（EV）の普及を推進しています。

太陽光パネル市場のシェアは中国企業が席巻《せっけん》しています。二〇二三年の世界トップスリーは、晶科能源（ジンコソーラー）、隆基緑能科技（ロンジ）、天合光能（トリナソーラー）の中国企業三社です。

風力発電機の市場でも、金風科技（ゴールドウインド）、遠景能源科技（エンビジョン・エナジー）、運達能源科技（ウインディ・エナジー・テクノロジー）など、中国企業が六割のシェアを占めています。

風力発電機の特許出願件数はもちろん、特許競争力（国際出願の有無や競合他社からの注目度などを点数化したもの）も中国が世界一位です。ヨーロッパ最大手のベスタスをかかえるデンマークを二〇二三年にぬき去りました（『日本経済新聞』二〇二四年七月二日）。

ＥＶ市場も日本でＣＭをながしはじめたＢＹＤのほかにも、小鵬、蔚来、理想など中国企業が世界市場をリードしています。しかし、ＥＶが真に環境改善に貢献するためには電力を脱原発・脱炭素に転換しなければなりません。

中国を脱原発へとみちびくにはどうしたらよいか。周囲の国や地域は百年の大計をもって中国と向きあい、みずからのすすむべき道をかんがえなければなりません。

現代の生産力至上主義と軍・産・金融資本主義を変えていく基軸となるのは、脱原発・脱炭素と反戦非戦の運動が国境を越えて連帯することです。

広東省の大亜湾原発は中国ではじめての商業用原発で、フランスから技術導入して一九九四年に完成しました。

この原発は実際には大亜湾ではなく深圳市大鵬新区にあります。直線距離では深圳から四五キロメートル、香港から五〇キロメートルでしかありません。

私は建設工事中にここを訪れたことがありますが、市の中心から東に車で一時間あまりでした。日本では原発のまわりに人は寄りつきませんが、中国では近辺に露天商や食堂や床屋があります。

大亜湾原発はこれまで三十年ちかく運転されるなかで、その発電量の七〇〜八〇％を香港に供給してきました。二〇二三年には香港の電力使用量の三〇％を占めています。

香港の人たちが民主化を追求しつづけていくのであれば、大亜湾原発に依存している香港のエネルギー構造の問題にもいずれ向きあわねばならないでしょう。放射性廃棄物の処理は中国におしやり、みずからは快適でクリーンな環境を享受するという香港の生活スタイルは民主的な社会のありかたとは矛盾します。

台湾は蔡英文政権のもとで脱原発に転換しました。香港の人たちが中国を変えていきたいと願うのであれば、脱原発・脱炭素と反戦非戦で中国大陸や台湾の人たちと連帯していく道を模索してはどうでしょうか。

アジアの民衆が脱原発・脱炭素と反戦非戦で国境や民族を越えて連帯する時代はけっして遠い夢ものがたりではありません。日本人がアジアの反戦非戦にむけてどのような道を歩むべきか、おのずと明らかではないでしょうか。

おわりに

本書のまとめとしてひとこと。

「世界じゅうのどこの国、どの民族の子どもであろうと、子どもたちを戦火や飢えにさらすようなことがあってはなりません」

本書は、札幌独立キリスト教会発行の平和文庫『平和共生のアジアへ――日本のアジア・ビジョンをどう描くか』（二〇二二年二月）を土台にして、書きあらためたものです。もともとの予定では、いまから四年ほど前になる二〇二〇年七月二日に、札幌独立キリスト教会でお話しさせていただくことになっていました。ところが、コロナ禍はなかなかおさまらず、いくたびも延期をくり返さざるをえませんでした。

結局、あまり長期にわたって先送りしつづけることはできないということで、講演会の開催を断念することになりました。そのかわりに、「平和文庫」最終号というかたちで発表の場をあたえていただきました。

「平和文庫」最終号を先輩・友人などの知己に進呈したところ、少なからぬ反響があり、貴重な意見も頂戴しました。大学ゼミの教材として用いられ、若人の率直で真摯な感想がとどいたこともあります。

また、札幌福音的教育・平和研究会の代表で、講演会を企画された小野善康先生からは、内部発行のかたちに留めておくのはもったいない、もっとひろく多くの人たちの目にふれるよう、市販のルートにのせてもらってはどうかとアドバイスをいただきました。

そこで一念発起、「平和文庫」の内容を土台にしつつも、新しい世界情勢の変化をとり入れ、また関連する資料を収集し、説明不足の点をおぎなったりするため、新たな研究にとりかかりました。とはいえ、この取りくみは際限のないもので、思っていた以上に時間と労力を要するものでした。

「平和文庫」最終号が発刊されてから本書が出版されるまでには、さらに二年半の歳月をついやしてしまいました。

なお、本書の刊行までには多くの方々から支援をたまわっていますが、本書の内容にかんするすべての責任は筆者個人に帰せられるべきです。いかなる団体や個人の立場や見解ともいっさい関係ありません。

最後になりましたが、本書の草稿に目を通し、改稿の方向を示唆してくださった白水社編集部の竹園公一朗さんに深く感謝します。いまでは稀少となった編集者魂をみました。

炎熱の日々ようやくにして秋気たつころ

著者

著者略歴

石原享一（いしはら・きょういち）
一九四九年生まれ。一橋大学大学院社会学研究科博士課程単位取得満期退学。社会学博士。一九八二年からアジア経済研究所に勤務。その間、在中国日本大使館、香港大学アジア研究センター、カリフォルニア大学バークリー校東アジア研究所の研究員。一九九六年から神戸大学大学院教授。二〇一三年から一九年にかけて北海商科大学大学院教授。現在、神戸大学名誉教授。アジア経済研究所名誉研究員。主な著書に『知と実践の平和論——国際政治経済学と地域研究』（明石書店）、『文化摩擦と日本人——平和の作法とは』（白帝社）、『戦後日本の経済と社会——平和共生のアジアへ』（岩波ジュニア新書）、『習近平の中国経済——富強と効率と公正のトリレンマ』（ちくま新書）他。

日本の反戦非戦の系譜
アジア・ビジョンをどう描くか

二〇二四年一〇月一五日 印刷
二〇二四年一一月 五 日 発行

著 者 © 石 原 享 一
発行者 岩 堀 雅 己
印刷所 株式会社 三 陽 社
発行所 株式会社 白 水 社

東京都千代田区神田小川町三の二四
電話 営業部〇三（三二九一）七八一一
　　 編集部〇三（三二九一）七八二一
振替 〇〇一九〇・五・三三二二八
郵便番号 一〇一・〇〇五二
www.hakusuisha.co.jp
乱丁・落丁本は、送料小社負担にてお取り替えいたします。

誠製本株式会社

ISBN978-4-560-09142-5
Printed in Japan